FEED BACK

CRESCENDO COM A VISÃO DO OUTRO!

MÁRCIA RIZZI
ZULDENE CIPRIANO

3ª EDIÇÃO

Literare Books
INTERNATIONAL
BRASIL · EUROPA · USA · JAPÃO

DEDICATÓRIA

RECOMENDAÇÕES DOS LEITORES

"O livro ***Feedback: crescendo com a visão do outro***, de Zuldene Cipriano e Márcia Rizzi, é uma leitura excelente para quem busca aprimorar a comunicação interpessoal e utilizar o feedback como ferramenta de desenvolvimento."

Cláudio Borges
CEO – World Digital

"Destaco neste livro a importância do feedback. As autoras o enfatizam como uma oportunidade de aprendizado contínuo, promovendo autoconhecimento e crescimento pessoal, o que oportuniza em muito a melhoria dos resultados."

Flávia Cardoso
CEO – Elo Consultoria

"No livro, podemos encontrar estratégias para dar e receber feedback, para criar um ambiente seguro e assertivo, com foco no respeito e na clareza."

Adriana Picolli
Diretoria – Sicoob Credibrasília

"O livro aborda o feedback como uma ferramenta da liderança com foco na formação e no engajamento de equipes de alta performance. Gestão de pessoas por meio de feedback de desenvolvimento é o caminho para o sucesso das organizações."

Joiciane Tressoldi
Gerente de Gestão de Pessoas – Sicoob São Miguel

"O líder, em muitas situações, inquieta-se sobre a convicção de que 'se eu não estou reclamando é porque está tudo bem'. Esse silêncio estrondoso acarreta uma distorção de percepções que muitas vezes acaba com qualquer estratégia de gestão. A solução? **Feedback!** Simples? Sim! Fácil? Não mesmo! Necessário? Sempre! O como fazer, apresentado pelo livro, deixa o caminho com bem menos pedras e nos calça bem na estrada do autodesenvolvimento e do desenvolvimento de equipes."

Douglas Agassi
Gestor na empresa Sabó

“Prepare-se para revolucionar a forma como você lida com sua equipe! Este livro sobre feedback, embasado nas teorias de gigantes da administração, desvenda o poder transformador dessa ferramenta. Descubra como aprimorar o desempenho individual e coletivo, impulsionando a produtividade e o engajamento por meio de um feedback estratégico e eficaz, além de construir relações mais sólidas e produtivas. Comece a leitura agora mesmo e impulsione seus resultados!”

Arnaldo Moral
Consultor de empresas

“Para nós do Sicoob Espírito Santo, o livro ***Feedback: crescendo com a visão do outro*** é de grande valia. Um manual que utilizamos para o desenvolvimento de nossas equipes, especialmente o modelo RIAR, que facilita trocas diárias gerando um ambiente seguro.”

Giovanna Barelli
Gestão de Pessoas – Central Sicoob (Espírito Santo)

As autoras

ZULDENE CIPRIANO GOMES

reside em Brasília com sua família, é palestrante conceituada e facilitadora em treinamentos organizacionais, atende em processos de *Coaching* e sessões de Mentoria.
É empresária, consultora, *coach* e professora em *MBAs* e Organizações.
Trabalha há 35 anos em gestão de pessoas e desenvolvimento organizacional, ama e se dedica à profissão, pois foi onde encontrou o seu propósito.

Casada com Marcus Gomes, incentivador e apoiador em todas as missões.
Mãe do Leonardo, 25, e do Ricardo, 24, ambos grandes parceiros de vida.

Construiu carreira em organizações
como a Xerox do Brasil (15 anos)
e Banco Cooperativo do Brasil (13 anos).

É Pedagoga, *MBA* em Gestão de Pessoas Baseada em Competências, *MBA* Executivo em Desenvolvimento Humano e Psicologia Positiva, Mentora Autêntica certificada e acreditada pela Erlich Mentoring (Brasil-Europa), *Personal and Executive Coach* – Integrated Coaching Institute (ICI) e *Professional & Self Coach* – Instituto Brasileiro de Coaching (IBC).
Certificada em aplicação de *Assessment – Disc/E-Talent* e Analista Comportamental – IBC. Professora das disciplinas: Comportamento Organizacional, Liderança Positiva, Ferramentas de *Assessment* na Avaliação de Perfil Comportamental, Empreendedorismo e Diversidade nas mesmas organizações em que se formou, AEUDF e IPOG.

Coautora dos livros *Gestão do tempo e produtividade* e *Gestão de pessoas*, ambos pela Editora Literare Books International.

MÁRCIA RIZZI

nasceu em Pirassununga/SP,
reside em São Paulo com sua família
há mais de 30 anos, onde estuda e trabalha
com desenvolvimento de pessoas através
de treinamentos, palestras, *coaching*
e mentoria.

Os filhos Júlio e Shaiene junto com
Melissa são seus grandes incentivadores.
Melissa, Camila, Rafael e Rafaela,
netos amados, dão sentido maior
ao seu propósito, desenvolver pessoas
promovendo nestas a expansão do nível
de consciência sobre elas mesmas
e sobre o coletivo.

Trabalhou na Caixa Econômica
Federal, por 25 anos, onde
trilhou a carreira gerencial
liderando equipes valiosas.

Ama seu trabalho e pretende continuar a desenvolvê-lo com o seu melhor.

Para isso, estuda continuamente, e neste momento cursa Certificação Internacional em Psicologia Positiva, pelo Wholebeing Institute Brasil, o braço brasileiro da Universidade de Harvard.

Formada em Direito, com pós-graduação em Administração Pública pela FAAP, Gestão estratégica de pessoas e resultados pela AMANA KEY, *MBA* pela USP em RH, Criatividade e Inovação pelo ILACI, *Coaching* pelo ICI e IDPH.
Professora no *MBA* de Liderança e *Coaching* nas Universidades do grupo Kroton.

Coautora dos livros *Gestão do tempo e produtividade* e *Coaching no DNA* pela Editora Literare Books International e *Leader coach*, pela Editora França.

AGRADECIMENTOS

Sou grata a Deus pela saúde e proteção, permitindo-me vivenciar tantas experiências gratificantes, como a deste livro.

Aos meus amados pais, Luiza e Mauro Rizzi, *in memoriam*, pelo alicerce de amor e forte crença na possibilidade de realizar meus sonhos.

Aos filhos, Júlio e Shaiene pelos laços de amor e apoio incondicionais. À Melissa, cuja presença em nossa vida e em nossa casa faz com que a ame de forma incondicional. Aos netos Melissa, Camila, Rafael e Rafaela, que me renovam a cada encontro, mostrando que a vida é aprendizado com todos que chegam até nós. Ao amado sobrinho Marcos Gustavo, *in memoriam*, que na convivência nos ensinou a amar incondicionalmente e valorizar o momento presente.

Aos milhares de participantes dos nossos treinamentos, palestras, processos de *coaching* e sessões de mentoria pela confiança e pelo tanto que aprendo com vocês.

Às consultorias parceiras pela confiança
que se fortalece a cada nova contratação.
Às organizações que nos recebem, respeitam
nosso trabalho e a nós confiam suas equipes.

Ao mentor e amigo, Marcelo Singulani,
por impulsionar a ideia deste livro.

À querida amiga Zuldene Cipriano, que
há duas décadas acompanha minha trajetória,
fazendo das trocas oportunidades
de desenvolvimento.

De todas as pessoas citadas recebi, ao
longo da convivência, inúmeros *feedbacks* que
possibilitaram estar hoje mais consciente do
caminho que tenho a percorrer na rota do
desenvolvimento.

***A todos vocês,
minha gratidão!***

Márcia Rizzi

AGRADECIMENTOS

A Deus pela proteção, agraciando-me com muitas experiências para que eu possa ter repertório e falar sobre coisas importantes para as pessoas.

À minha mãe Maria (D. Santa) pelo amor, conselhos e incontáveis *feedbacks*.

Marcus, esposo, por dar feedbacks carinhosos e assertivos. Leonardo e Ricardo, meus filhos, que também, cada um a seu modo, me nutrem de boas informações.

Agradeço às duas grandes organizações, em que fiquei por mais de uma década, pelos ensinamentos que carrego e aplico, a Terezinha Dantas Rocha (Xerox do Brasil) e especialmente a Marco Aurélio Almada (Banco Sicoob), que sempre tinha respostas às questões humanas, líder que inspira não apenas pelo exemplo, mas pela sua humanidade e com quem tenho muito orgulho de ter convivido.

Sandra Kwak, amiga querida, por ter me dado *feedbacks* com respeito, fazendo com que eu percebesse a genuína vontade de me ajudar e pelas trocas verdadeiras e fraternas.

Às equipes que estiveram sob minha coordenação pela coragem de falar o que pensavam sobre a forma como eu conduzia.

À Márcia Rizzi, grande amiga, que fala com todo seu amor o que precisa ser dito e por me permitir fazer o mesmo.

A você, que lê estas páginas, com a coragem de questionar, refletir e crescer com a visão do outro. Que este livro esteja na sua mesa como companheiro de jornada.

Zuldene Cipriano

SUMÁRIO

PREFÁCIO

> "NADA É TÃO DOLOROSO PARA A MENTE HUMANA COMO UMA GRANDE E REPENTINA MUDANÇA."
>
> *Mary Shelley*

O mundo em que vivemos foi assolado por uma pandemia que está gerando profundas mudanças sócio-econômico-culturais, além de alterar radicalmente as relações de trabalho nas organizações modernas. Obrigados a se distanciarem fisicamente, os líderes estão tendo que adotar novas formas de gerenciar e avaliar suas equipes remotamente, sendo cobrados cada vez mais para aumentar a produtividade e agilidade nas entregas e na geração de valor para os clientes.

Nesse contexto, as autoras Zuldene Cipriano e Márcia Rizzi – mulheres fortes, realizadas profissionalmente e amadas pelos colegas e pelas famílias que construíram – se embasaram tecnicamente, pesquisaram, colaboraram e com a experiência de mais de duas décadas atuando na gestão e desenvolvimento de pessoas em grandes organizações, nos brindam com esta obra prática e objetiva, que certamente trará um diferencial para você gestor, e sua equipe, no uso de uma ferramenta estratégica de engajamento: o ***Feedback***.

É possível que ao ler a palavra *feedback* algumas pessoas pensem em algo que serve para punir, ou em uma situação constrangedora em que foi punido. Mas o que este livro nos traz é uma abordagem muito diferente. O que vocês estão prestes a conhecer é uma ferramenta de humanização das relações pessoais no ambiente de trabalho, um instrumento de reconhecimento que vai fazer todo o time se mover em uma única direção.

Vocês poderão conhecer os diferentes tipos de *feedback*, as melhores práticas e dicas valiosas de como se preparar para transformar uma conversa, sempre tida como tensa, em uma experiência de integração, respeito e valorização do profissional, onde as partes se sintam à vontade para debater pontos fortes, ações de melhoria e aprimoramento. E que seja uma conversa franca, responsável e acolhedora. Vocês me questionarão como atingir esse equilíbrio e eu respondo que, nas páginas a seguir, serão demonstradas técnicas e regras para que cada *feedback* seja único, esclarecedor, traga sempre desafios e, mesmo nos casos corretivos, dê norte para aqueles que, porventura, estão se desviando do propósito da organização.

O conteúdo desta obra, rico e objetivo, nos orienta, com exemplos práticos do dia a dia, a evitar os erros clássicos cometidos no ato do *feedback* e quais passos devemos seguir para darmos mais foco, qualidade e assertividade no processo.

Mas não entenda que, pelo fato de o conhecimento adquirido após a leitura deste livro ser transformador, serão abandonadas

as atuais práticas de *feedback* vigentes na sua empresa. Elas são válidas, formais e fazem parte da cultura da organização.
O que se propõe a seguir é o estudo e aplicação de conceitos e procedimentos que compõem toda uma dimensão de arquétipos e regras a serem observadas antes, durante e depois das conversas.

Outro ponto de destaque é que a leitura nos ensina como nos comunicar para inspirar o outro, distinguindo o que é percepção e sensação, e como podemos ser instrumentos de mudança nas pessoas, ao mesmo tempo em que podemos cada vez mais nos conhecer, pois quem pratica *feedback* ganha também a grande oportunidade de aprender.
A abordagem aqui trazida inspirará a todos adotarem novos métodos de *feedbacks*, com posturas mais humanas em relação às pessoas, mas também mais embasadas em técnicas e focadas em resultados para a instituição.

Pronto, conhecimentos absorvidos, e agora?

Até nisso as autoras foram cuidadosas e prepararam uma relação de exercícios práticos do dia a dia para que todos possam se planejar antes de iniciar o processo formal nas empresas. Como disse o grande Goethe, "um homem que planeja ter o melhor impacto precisa procurar as melhores ferramentas".

Por fim, agradeço às autoras pelo convite de elaborar este prefácio, o que muito me honrou, e ressalto que aceitei o desafio inspirado na força de outras duas mulheres, por mim amadas e imprescindíveis na minha vida: a Dona Maria Ângela Rodrigues, minha mãe e também minha professora no 2º ano primário em Inhaúma – MG, e a Jacqueline Leite, minha esposa, responsável pelos *feedbacks* diários que têm me movido em busca de ser um ser humano cada vez melhor.

Dênio Álbaro Rodrigues
Executivo de Tecnologia da Informação do Sicoob

INTRODUÇÃO

Preciso saber se estou atendendo às expectativas, se estou indo bem!

Este é um pensamento comum a todos nós. Nas organizações e na vida pessoal, essa resposta vem por meio do ***feedback***.

Pesquisas globais apontam que um bom *feedback* faz o outro se mover, é decisivo para gerar motivação, engajamento e direcionamento para a Equipe. No entanto, grande parte das pessoas avalia mal a frequência e a qualidade do *feedback* que recebe dos seus gestores.

ISSO PODE ACONTECER POR ALGUNS MOTIVOS:

- Pode ser que alguns gestores ainda estejam presos ao modelo de *feedback* formal, aquele que é programado uma vez por ano, ou a cada 6 meses. Sabemos que esse não é o melhor modelo de *feedback* para garantir o engajamento e a motivação no dia a dia.

Quanto maior a frequência, melhor a *performance* do colaborador.

- Pode ser que alguns gestores tenham a crença de que se eles não falarem muito a equipe vai entender que está fazendo um bom trabalho, então eles não investem o tempo necessário para dar os *feedbacks* adequados. Já ouvimos muitos gestores falarem:
  "se eu não estou reclamando é porque está tudo bem".
- Pode ser que alguns gestores não tenham habilidade necessária e não saibam como fazer, lhes falte um guia prático ou ferramentas que ajudem a saber quando e como estruturar *feedback* assertivo.
- Pode ser que alguns gestores não tenham sido treinados e caiam em erros básicos e tenham dificuldades com sua equipe por serem do tipo muito exigente, ou benevolente, que ao avaliar não se utilizem de exemplos ocorridos durante o ciclo avaliativo, dentre outros erros.

Neste livro trataremos do passo a passo para dar e receber *feedback*, dos ganhos com esse processo e dos desastres que provoca quando oferecido ou recebido de maneira inadequada.

Estamos felizes por compartilhar com você o que aprendemos no dia a dia ao gerenciar equipes por mais de 20 anos, em empresas nacionais e multinacionais e promovendo o crescimento e desenvolvimentos dos colaboradores por meio dessas conversas, conhecidas nas organizações, com o termo em inglês, *feedback*. Lemos bastante a respeito, continuamos buscando tudo o que diz respeito ao desenvolvimento humano nas empresas.

Trocamos ideias com muitos gestores, ao longo dos últimos 19 anos em que temos atuado em consultoria organizacional, como docentes em *MBA*s e em processos de *Coaching* e Mentoria.
Nosso foco nessas conversas tem sido como agem os gestores que se destacam na prática do *feedback*, bem como colaboradores que também se destacam ao acatar o *feedback* e, dessa forma, se desenvolvem, acelerando sua carreira e se preparando melhor.

Ao elaborarmos este material, encontramos certa dificuldade em saber se as ideias aqui citadas são nossas, foram aprendidas nos livros dos diversos autores que nos enriqueceram, ou mesmo nos treinamentos realizados, e foram muitos, tanto à frente das turmas como na qualidade de aprendizes. Portanto, ao final, teremos uma bibliografia tomando o cuidado de citar muitos autores, senão todos. A estes, nossa gratidão pelo tanto que contribuíram.

Nossa gratidão também a você que nos acompanha nesta leitura e na realização dos exercícios. Esta jornada será importante, tanto para o seu desenvolvimento, quanto para o crescimento da equipe de que você faz parte como gestor ou colaborador.

Boa leitura!

A IMPORTÂNCIA DO FEEDBACK

A caixa de ferramentas é imprescindível para o trabalho dos mecânicos, já os dentistas têm suas brocas como ferramentas essenciais. Nós, nas organizações, temos no *feedback* valiosa ferramenta de desenvolvimento, engajamento, motivação e direcionamento. Então, precisamos ser capazes de dar e receber *feedbacks* efetivos.

Oferecer *feedbacks* com assertividade, receber *feedbacks* com abertura e naturalidade, estejamos na posição de gestores ou de colaboradores, fará com que esse processo nos leve ao crescimento através da visão do outro.

Há séculos se fala em *feedback*.
Confúcio, 500 a.C., destacava a importância de transmitir bem as mensagens difíceis. Mas, para sermos honestas, percebemos que continuamos muito ruins nisso. Quantos mal entendidos e sofrimentos já foram causados por uma comunicação inadequada!

Uma recente pesquisa do Instituto Gallup concluiu que apenas 26% dos colaboradores concordam que o *feedback* que receberam melhorou seu desempenho.
A mesma pesquisa concluiu que ser ignorado é mais danoso ao comprometimento dos colaboradores do que discutir seus pontos a melhorar com seu gestor.
Veja a importância do relacionamento!
Quando o *feedback* está atrelado à avaliação anual, a mesma pesquisa aponta que 29% dos colaboradores consideram justa a avaliação que receberam. Concorda que 29% é um percentual muito baixo, que mais demonstra sensação de injustiça, do que de justiça, em um processo de avaliação?

Concorda, também, que isso pode mexer consideravelmente com o clima organizacional?

ESSES DADOS SÃO DESAFIADORES. ENTÃO, O QUE PODEMOS FAZER?

Interessante observar que a maneira com que a maioria das pessoas dá um *feedback* não é, na verdade, condizente com o funcionamento do nosso cérebro.

Em geral, elas percorrem um desses dois caminhos:

1 Algumas pessoas são indiretas e falam com tanto cuidado que o nosso cérebro nem reconhece que um *feedback* foi dado, ou fica confuso se aquilo é de fato um *feedback*. No meio de uma brincadeira, dizem algo que o outro precisa melhorar.

Exemplos:

— *Você é muito possessivo kkkk.*

— *Tem gente que precisa ganhar um despertador.*

Observe que em tom de brincadeira foi dito algo percebido por outra pessoa como um ponto a ser melhorado.

2 Outras pessoas são muito diretas. Dizem o que têm a dizer, sem se preocupar se machucarão o outro. Doa a quem doer. Isso leva o receptor a partir para a defensiva.

Exemplos:

— Você não sabe de nada.

— Sem você a reunião flui melhor.

Gostamos da frase do filme *Dois Papas*:

> "A VERDADE É VITAL, MAS SEM AMOR É INSUPORTÁVEL."

SEQUESTRADOS

Em nosso cérebro há uma estrutura importante conhecida como amígdala. A amígdala se assemelha a uma pequena amêndoa e está constantemente atenta para descobrir se a mensagem contém alguma ameaça anexada. Assim que a mensagem é detectada ou interpretada como ameaça nos colocamos na defensiva ou recuamos. ***É a amígdala em ação.***

VOCÊ JÁ OUVIU FALAR NO SEQUESTRO DA AMÍGDALA?

Trata-se de reação emocional imediata e desproporcional em relação ao estímulo que a desencadeou. Tal estímulo foi compreendido como uma ameaça à estabilidade emocional. Isso acontece porque a amígdala rouba a ativação de outras áreas cerebrais, principalmente do córtex, dominando a conduta da pessoa. A área frontal do córtex, que fica inibida com o sequestro, é justamente a área do nosso cérebro responsável pelo pensamento lógico e pelo planejamento de nossas ações. Já a amígdala faz parte das estruturas mais primitivas do cérebro humano, controlando as nossas emoções.

Assim, no sequestro da amígdala, nosso pensamento lógico fica sujeito ao comando das nossas emoções. ***Perceba o tamanho da nossa responsabilidade ao oferecer um feedback.***

> "AS EMOÇÕES NEGATIVAS INTENSAS CONSOMEM TODA A ATENÇÃO DO INDIVÍDUO, IMPEDINDO QUALQUER TENTATIVA DE ATENDER A OUTRA COISA."
>
> **Daniel Goleman**

A amígdala está situada na parte interior do lóbulo temporal medial, junto com o hipocampo, hipotálamo e o córtex órbito-frontal. Esse conjunto é conhecido como cérebro emocional ou sistema límbico.

O destaque para a amígdala, no sistema límbico, se dá por conta de ser essencial para nossa sobrevivência. Se olharmos sob o aspecto da evolução, quando ainda caçávamos na selva, e nos deparávamos com um animal que colocasse nossa vida em perigo, cabia à amígdala desativar o resto das funções cerebrais trazendo apenas a resposta de fuga ou luta. Aquele não era o momento de pensar em nada, sequer planejar uma estratégia campeã, era garantir a sobrevivência.

Hoje, um evento provocado por um grande agente de estresse, como uma acalorada discussão, embora, em tese, não coloque nossa vida em perigo, traz a mesma reação. Adrenalina e cortisol inundam o nosso corpo a ponto de provocar, horas após o ocorrido, ressaca emocional, em razão dos hormônios ainda estarem presentes em nosso organismo.

A SABEDORIA POPULAR NOS ENSINA:

Diante de uma chateação conte até dez, mas se estiver muito bravo conte até mil. Contar: 1, 2, 3, ... 999, 1000 ativa o córtex, a parte lógica do nosso cérebro, que estava inibida pelo sequestro da amígdala. Contando na sequência de 1 até 1000 você se distancia da emoção e volta a usar a parte lógica do seu cérebro evitando respostas impulsivas. Tal estratégia, contar até 1000, já salvou empregos, casamentos e evitou muitos dissabores.

Perceba a importância desse fato, como nosso cérebro funciona, pois está intimamente ligado com *feedback*. Controle emocional ao dar e receber *feedback* nem sempre é fácil, essas conversas provocam muita ira, justificativas e podem levar a grandes embates, e isso é mais comum do que você pode imaginar.

ACREDITE, O FEEDBACK NÃO PRECISA SER DESSA FORMA.

Feedback é o processo de dizer como você se sente e pensa em função do que uma pessoa fez ou disse.

É também um conjunto de sinais que permitem interpretar a intenção da mensagem.

Entenda o processo de diálogo, *feedback* em si, com vistas ao desenvolvimento e não como sendo um "julgamento final". Pense que o foco é aprimoramento para uso no presente e futuro e não para entrar em discussões que não levam a nenhum resultado positivo. Discussão não é solução, assim como achar culpados também não.

É necessário compreender que *feedback* é uma ótima ferramenta, porém faz parte de um olhar a partir de uma percepção, ou da soma de várias percepções.

PERCEPÇÃO

A relevância desse conhecimento para o feedback

Antes de continuarmos a falar sobre *feedback,* abrimos um pequeno parêntese para lembrarmos do tema PERCEPÇÃO, conteúdo importante quando nos referimos a *feedback,* pois é a partir das nossas percepções que emitimos nossa opinião, julgamento, consideração e avaliação.

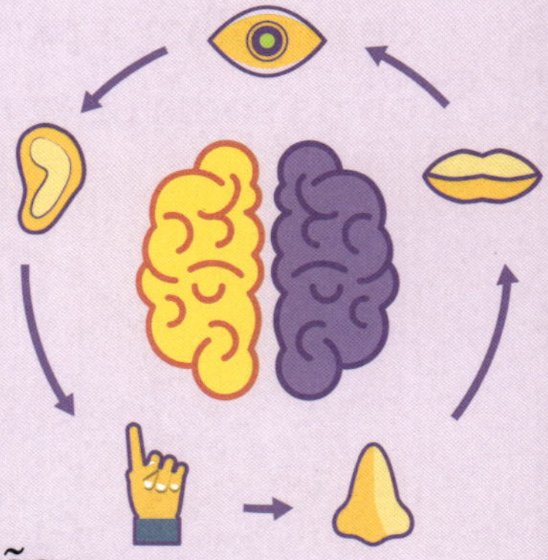

Uma pessoa assume uma determinada forma de comportamento baseada em suas sensações. As sensações nos vêm através dos órgãos dos sentidos que são: visão, audição, olfato, paladar e tato.

Para compreender como uma pessoa reage a essas sensações, precisamos conhecer o conceito de percepção, que se refere ao modo como interpretamos as mensagens de nossos órgãos dos sentidos.

O SEGREDO É A PERCEPÇÃO

Como pessoas em um mesmo ambiente podem ver a mesma situação de formas tão diferentes?

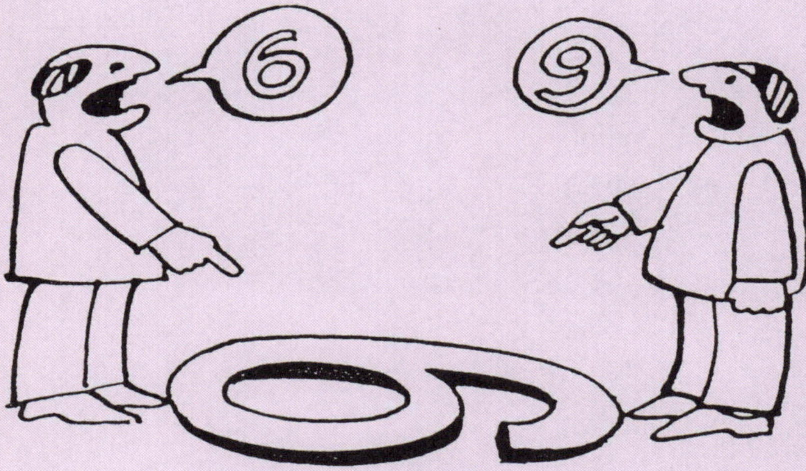

OBSERVE AS FIGURAS A SEGUIR

É comum diferentes pessoas enxergarem conteúdos distintos.

Se você consegue ver o cachorro, você percebeu além do aparente.

NA FIGURA HÁ OS QUE AFIRMAM VER UMA CAVEIRA

E você vê o quê?

A nossa predileta é a figura a seguir:

Anote o que você vê além do leão, que é a figura mais aparente. Figura enigmática, vá em busca de uma percepção mais apurada. Busque enxergar a africana. Busque também 7 rostos humanos.

Esta figura é a mais clássica.

O que você vê?

Caso você não consiga ver as duas mulheres, uma é jovem e a outra é idosa, peça ajuda a outra pessoa. Muitas vezes precisamos do outro para ampliar nossa percepção.

Tal qual no jogo das figuras, fazemos julgamentos sobre assuntos cotidianos, fatos, acontecimentos preconcebidos acerca do que percebemos utilizando do imediatismo.
Podemos inclusive estar errados, colhendo apenas dados selecionados, e a partir destes emitir nossa opinião.

EXEMPLO:

Passei três vezes por uma sala e nestas vezes uma pessoa estava ao celular, logo, imagino que ela fica muito tempo ao celular.

POSSO AFIRMAR ISSO?

Será que naquele dia especialmente tinha algo diferente que a fez usar o celular mais que o habitual?
Será que o celular naquele setor é a sua ferramenta de trabalho?

No caso do gestor, ele percebe o que o colaborador realiza, entrega, fala, como olha, como se comporta, balança a cabeça, como se senta, seu tom de voz, expressões etc.

Algumas vezes essa percepção pode estar equivocada porque está carregada de aspectos pessoais, experiências, valores e projeções que colocamos naquilo que vemos.

Interessante aqui estabelecermos a diferença entre percepção e sensação.

A sensação é a capacidade de codificar certos aspectos da energia física e química que nos circunda, representando-os como impulsos nervosos capazes de serem compreendidos pelos neurônios, ou seja, é a recepção de estímulos do meio externo captado por alguns dos nossos cinco sentidos: visual, auditivo, tátil, olfativo e gustativo.

No caso das figuras do jogo anterior, utilizamos o sentido da visão. Se, por exemplo, sentirmos um forte odor em um ambiente identificando esse cheiro com gás... Aqui utilizamos nosso sentido do olfato.
Nossa reação será abrir as portas e janelas e sair à procura do botijão de gás que possa estar com vazamento.

Nesse momento interpretamos a situação e reagimos a ela ventilando o ambiente, a isso chamamos de percepção. Vamos a ela.

A percepção é a capacidade de interpretar essa sensação, associando informações sensoriais a nossa memória e cognição, de modo a formar conceitos sobre o mundo e sobre nós mesmos e orientar nosso comportamento.

POR EXEMPLO:

Um som é captado pela nossa sensação auditiva, mas identificar se esse som é uma voz humana, uma buzina ou um barulho de algo quebrando, fica a cargo da nossa percepção auditiva.

Da mesma forma, quando vejo um objeto captado pela minha sensação visual, a percepção visual vai interpretar e associar aquela imagem a um conceito conhecido, onde eu posso estar vendo um sofá, um rádio ou mesmo um animal de estimação.

Assim, a percepção é diferente da sensação, e a percepção depende das nossas experiências, pois está relacionada ao que conhecemos.

Outra característica da percepção é que pode ocorrer em momentos diferentes para diferentes pessoas. Vamos nos lembrar das figuras do jogo anterior. Se temos duas pessoas numa mesma sala olhando para uma das figuras, uma delas percebe antes, e minutos depois a segunda pessoa perceberá, ou até, por mais tempo que você lhe dê, não percebe nada além, até que você lhe mostre.

Mas por que estamos falando sobre isso mesmo?

Porque precisamos acurar nossa percepção antes de oferecer um *feedback*, pois podemos estar equivocados e cometer alguma injustiça.

Fechando, então, o tema percepção, recorremos à Wikipédia que nos traz: Percepção é, em psicologia, neurociência e ciências cognitivas, a função cerebral que atribui significado a estímulos sensoriais, a partir de histórico de vivências passadas. Através da percepção um indivíduo organiza e interpreta as suas impressões sensoriais para atribuir significado ao meio.

JOHARI

UMA JANELA PARA O AUTOCONHECIMENTO E DESENVOLVIMENTO

O *feedback* é muito importante, especialmente para nos mostrar coisas que ainda não percebemos, estão escondidas em algum ponto cego.
Por isso, abrimos outro parêntese porque entendemos como interessante você compreender que o ser humano não nasceu pronto e necessita de apoio para o seu desenvolvimento.
Acompanhe esse importante estudo que resumimos a seguir.

* O modelo foi criado por Joseph Luft e Harry Ingham, que lhe deram o nome (JO + HARI). É descrito em detalhe no livro *Of Human Interaction*, de Joseph Luft, publicado pela Mayfield Publishing Company em 1969.

"A Janela de Johari" é um estudo fundamental sobre o desenvolvimento da autoimagem e o papel da percepção no processo de *feedback*.

O modelo da Janela de Johari descreve os relacionamentos interpessoais, baseando-se na suposição de que qualquer interação entre duas pessoas se compõe de fatos ou elementos conhecidos e desconhecidos para cada uma delas. Colocando-se essas possibilidades em forma gráfica, esta fica parecida com uma janela. Veja!

Conhecido pelos outros	I EU "ABERTO"	II EU "CEGO"
Desconhecido pelos outros	III EU "OCULTO"	IV EU "DESCONHECIDO"
	Conhecido por mim	***Desconhecido por mim***

ABERTA
Esta área abrange tudo o que os outros veem e que nós também vemos em nós mesmos. Aquele modo de ser que achamos positivo e que mostramos, sem nos sentirmos ameaçados.

CEGA
A área cega engloba aspectos que os outros sabem de nós, mas que nós mesmos desconhecemos. Nesta área, as informações sobre como somos vêm de outras pessoas. Não temos consciência delas a não ser que nos digam.

OCULTA
Esta área é sobre aquilo que sabemos sobre nós mesmos, mas que preferimos esconder dos outros.

DESCONHECIDA
Esta área compreende as coisas que são desconhecidas tanto por nós como pelos demais.

A ÁREA ABERTA

A área aberta consiste nas informações mutuamente conhecidas e compartilhadas por ambas as pessoas que se relacionam. Esta área abrange tudo o que os outros veem e que nós também vemos em nós mesmos. Se, por exemplo, alguém nos vê como uma pessoa que trabalha muito, e nós temos a mesma impressão sobre nós, esta visão compartilhada fará parte da área aberta e no caso será uma verdade.

A ÁREA OCULTA

Ela é composta daquilo que sabemos sobre nós mesmos, mas que preferimos esconder dos outros. Estes veem nesta área uma pessoa falsa ou propositalmente evasiva. A maioria das pessoas passa anos desenvolvendo uma fachada que possa ser apresentada aos demais, e que encubra coisas como insegurança, timidez, falta de confiança etc. Às vezes temos a impressão de que se revelarmos algo sobre isso, seremos julgados negativamente.

Um exemplo da área oculta no trabalho poderia ser um funcionário que esconde o andamento do projeto até encontrar um modo viável de concluí-lo.
Devido ao temor, real ou imaginário, de ser considerado incompetente simplesmente por não conseguir terminar o trabalho.
Assim, a pessoa prefere ocultar seus atos em suas interações com seu chefe, colegas, subordinados etc.

A ÁREA DESCONHECIDA

Ela compreende as coisas que são desconhecidas tanto por nós como pelos demais.
Esta área abrange os aspectos latentes, inexplorados.
Se uma das pessoas, a própria, ou outra, descobrir algo desta área, a informação passará a integrar a área cega ou a área oculta.
Quando essa informação for compartilhada pelas duas pessoas, passará à área aberta.

A ÁREA CEGA

A área cega engloba as coisas que os outros sabem de nós, mas que nós mesmos desconhecemos.
Nesta área, as informações sobre como somos virão de outras pessoas.
O conceito que alguém tem de nós, nesta área, é modelado pelo julgamento e *feedback* que nosso interlocutor tem vindos de outras fontes. Somos criaturas sociais e, no caso, outras pessoas servem de espelho para refletir a nossa identidade.
Através de interações verbais e não verbais, transmitimos mensagens às outras pessoas, de modo a permitir que elas nos conheçam melhor.
Observando nossos trejeitos ou expressões faciais, os outros podem reconhecer traços de personalidade em nós, dos quais não temos consciência.
Até mesmo as palavras que usamos para descrever alguma coisa podem revelar nossos preconceitos e tendências.
Existem sempre aquelas coisas que “nem o seu melhor amigo lhe diria”.

POR EXEMPLO:

Nossas frustrações ou ansiedades em relação a algo que esteja por acontecer podem ser facilmente notadas por outras pessoas, sem que nós mesmos cheguemos a perceber.

E é a partir da área cega que o feedback se faz necessário, não obstante, todas as outras áreas também nos dão elementos para oferecer feedback.

Quanto maior for a área conhecida para nós, mais autoconhecimento.

- ***Se o feedback for dado com respeito e verdade nas palavras, o interlocutor tende a mudar.***
- ***Se for dado com desrespeito e verdade, o interlocutor tende a revidar.***
- ***Se for dado com mentira para não magoar, por exemplo, apenas reforça comportamento inadequado do outro e o interlocutor tende a continuar fazendo do mesmo jeito.***
- ***Se for com mentira e desrespeito, pode escrever: quebra de confiança e distanciamento.***

Compreendendo como a Janela de Johari reflete nossas relações interpessoais, poderemos aprender a trabalhar em direção a comunicações mais abertas e mais eficazes, alcançando um sucesso maior, tanto pessoal como profissionalmente.

OS 7 ERROS AO DAR FEEDBACK

Queremos que você acerte mais!

Nas conversas, em muitas das empresas onde temos trabalhado em consultoria, treinamentos e processos de *Coaching*, percebemos alguns erros comuns, que se evitados deixarão o *feedback* com a qualidade necessária para dar direcionamento, produzir engajamento e motivação.

Ao tomar contato com os 7 erros mais comuns, na construção de *feedbacks*, procure perceber se um ou alguns estão presentes nos seus *feedbacks*.

1. Despreparo

As conversas de *feedback* são consideradas conversas difíceis, tensas e desconfortáveis, não se sabe por onde começar, nem terminar. Quanto mais preparado você gestor estiver, maior será a chance que durante a conversa você consiga conduzir com naturalidade e

qualidade. Prepare-se para as conversas de *feedback*, estruturando os pontos que deseja falar em uma reunião particular e assegure que seu interlocutor saia com a certeza de que tem em você um apoiador do seu desenvolvimento.
Adiante você terá mais repertório para esse momento.

2. Uso de palavras que anulam o que foi dito antes

Se lembrarmos das aulas de gramática, o "mas", conjunção adversativa, quando surge no meio da frase, tem o poder de anular tudo o que foi dito antes.

Relembrando as conjunções adversativas:

Mas, porém, contudo, todavia, no entanto, entretanto, se não, não obstante, ainda assim, apesar disso, mesmo assim, de outra sorte, ao passo que.

Nas empresas, as conversas de *feedback* requerem tais cuidados para que sirvam de ferramentas para a motivação e o maior engajamento, pois assim os colaboradores estarão em condições de trazer melhores resultados.

Se iniciarmos com elogios e após inserirmos o “mas”, anularemos os elogios ditos até então.

Na verdade, a prática nos mostra que elogio no início das conversas de *feedback,* mesmo servindo de quebra gelo, só nos deixa mais tensos aguardando o temido “mas” e seu complemento.
Assim agindo, faremos com que tensão e desconfiança tomem conta do início das conversas de *feedback*.

Perceba quão mexida a pessoa que recebe *feedback* fica mesmo ouvindo elogios.

EXEMPLO:
– ***Você se comunica bem no trabalho, você trabalha bem em equipe, as pessoas gostam de você, “mas” não está entregando no prazo.***

Esse ***mas*** é cruel, porque joga fora os elogios que vieram antes. O ideal aqui será trocar o, “mas” pelo “e”.

NO MESMO EXEMPLO SERIA:

– ***Você se comunica bem no trabalho, você trabalha bem em equipe, as pessoas gostam de você, e existe apenas um ponto que requer maior atenção da sua parte, que são os prazos das suas entregas.***

Você consegue perceber a diferença? Então, evite cometer o erro de colocar o "mas" no meio de uma frase de *feedback* iniciada por elogios. Evite o erro de inserir qualquer conjunção adversativa no meio da frase.

3. Uso de sujeito indeterminado

Um erro comum ao dar *feedback* é iniciar com sujeito indeterminado.

EXEMPLO:

– ***Dizem por aí...***

– ***"Me" falaram que você fez isso.***

É importante que o *feedback* que você dá para sua equipe tenha como base situações que você de fato vivenciou. Isso dará mais credibilidade para o seu *feedback*.

EXEMPLO:

– ***Falaram que você tem saído durante o dia e demora a voltar.***

TROQUE POR:

– ***Percebo suas ausências ao longo do expediente...***

4. Comunicação subjetiva

É aquela em que a mensagem não fica clara, dando margem a interpretações.

EXEMPLO:

– ***Na minha opinião, você não teve boa Inteligência Emocional naquela reunião.***

O ideal aqui será mostrar concretamente o que de fato fez você ter essa percepção.

EXEMPLO:

– ***Você gerou um desconforto na reunião, a ponto de o cliente mostrar-se insatisfeito com a sua postura de acusar outra área pelo atraso na entrega. Por isso será importante você estar atento e desenvolver sua Inteligência Emocional. O que você acha que pode fazer?***

5. Falar apenas do passado

Aqui temos um quinto erro para a construção de um *feedback* com qualidade, falar apenas do passado. É importante terminar a conversa com um olhar para o futuro e de preferência positivo.

EXEMPLO:

– *Suas entregas, que eram impontuais, melhoraram consideravelmente, então queremos que você assuma compromissos com relação ao trimestre seguinte, quanto ao item pontualidade nas entregas. Posso contar com você?*

6. Monólogo

Esse erro é muito comum, quando apenas você fala, acaba fazendo da conversa de *feedback* um monólogo.

EXEMPLO:

– *Vou falar o que penso ok.*

Ao longo da conversa, faça perguntas e explore,

junto com o colaborador, qual é a percepção dele e principalmente o convide para propor um plano de mudanças. Dessa forma, com diálogo, você conseguirá comprometer, engajar e motivar muito mais.

EXEMPLOS:

- ***De tudo que falamos até o momento, quero ouvir a sua opinião a respeito e o que podemos fazer para evitar que isso tudo volte a acontecer.***
- ***Você concorda?***
- ***O que pensa a respeito?***
- ***Pode nos dar seu ponto de vista?***

7. Você dá a receita da mudança

Dar um passo a passo sobre o que você espera que a pessoa mude é o sétimo erro a ser evitado nas conversas de *feedback*.

Esse é um ponto importante ao fazer a gestão de pessoas adultas: permita que participem, que façam do seu jeito. Diferente das crianças, que até conseguimos falar o que precisam fazer e elas fazem e provocam a mudança, o adulto não. O adulto só muda o que ele quer, então de nada adianta você falar o que você quer. Aproveite a oportunidade para gerar reflexão, construa conjuntamente, incentive que o plano de ação venha da pessoa.

EXEMPLOS:

- ***Como você pensa a esse respeito?***
- ***O que acha de pensar sobre isso e voltamos a conversar?***
- ***Em que momento você usou essa competência e teve sucesso? Como acha que essa fórmula pode ajudá-lo?***

VIMOS ENTÃO 7 ERROS QUE MUITOS COMETEM AO DAR FEEDBACK AOS COLABORADORES.

Seja sincero, você se reconhece em alguns deles?

Evitar esses erros é um bom começo na construção de feedbacks efetivos.

Após vermos os 7 erros e as nossas sugestões para evitá-los, veremos alguns passos já testados.

Nossa carreira na consultoria teve início em uma parceria enriquecedora com o Sebrae DF, grande escola, quando, nos conhecemos, em Brasília, ambas transitando de carreira e vindo para a grande aventura de aprender enquanto ensinamos, parafraseando a poetisa Cora Coralina.
Naqueles quinze dias de 2001, na capital federal, surgiu uma amizade que fortaleceu nosso profissionalismo, perdura até hoje, e muito do nosso crescimento se deu pela abertura a inúmeros *feedbacks*.

Na qualidade de consultoras, estamos diariamente em diferentes empresas,

nosso interesse, trabalhando liderança em treinamentos ou sessões de *coaching*, mentoria, está voltado, dentre outros, para localizar boas formas de levar adiante conversas difíceis.
Nesses trabalhos é comum perguntarmos:

– Você se considera assertivo em dar e receber feedback?

Cada pessoa que responde SIM é convidada a uma conversa mais longa para nos dizer, em detalhes, o que ela faz de diferente.

Após muitas horas desse tipo de conversa, identificamos alguns pontos que melhoram muito a qualidade dos *feedbacks*.

Concluímos assim, que há uma fórmula de 4 passos que pode ser usada para dizer qualquer mensagem difícil.

OS 4 PASSOS PARA DAR FEEDBACK COM QUALIDADE

1 *Faça um convite com perguntas fechadas*

Inicie com perguntas que levem à resposta "sim".

Aqueles que são bons em dar *feedback* começam fazendo uma pergunta curta e importante, cuja resposta seja sim, mais ou menos assim:

– ***Tenho algumas ideias sobre como podemos melhorar o processo de compras. Posso compartilhar com você?***

OU:

– ***Você tem alguns minutos para continuarmos a nossa última conversa?***
(Utilize fora da época do feedback formal)

Isso faz com que o cérebro saiba que o *feedback* está se aproximando.

Essas perguntas, que levam a pequenas respostas sim, provocam duas coisas em nós:

- **PRIMEIRO, SERÁ UMA FERRAMENTA DE PASSAGEM. ELAS PERMITEM QUE A OUTRA PESSOA SAIBA QUE O FEEDBACK ESTÁ PRESTES A SER DADO.**

- **A SEGUNDA COISA, O QUE AS PERGUNTAS EM BUSCA DO SIM FAZEM É CRIAR UM MOMENTO DE COMPRAR A IDEIA, ENTRAR NO CLIMA.**
  POSSO RESPONDER SIM OU NÃO PARA ESSAS PERGUNTAS E, COM ISSO, TENHO O SENTIMENTO DE AUTONOMIA, DE CONTROLE DA SITUAÇÃO.

2 *Descreva os fatos com objetividade*

Aqui você deve dizer, especificamente, o que foi visto ou ouvido de forma direta, objetiva e clara.
Há um conceito chamado palavras grávidas, que são palavras não tão específicas. Podem significar diferentes coisas para diferentes pessoas.

ENTÃO, SE DIGO, POR EXEMPLO:

– Você não deveria ser tão defensivo.

OU:

– Você poderia ser mais proativo.

O que vemos bons transmissores de *feedback* fazer diferente é que eles transformam palavras não específicas em fatos diretos, evitando, assim, a interpretação por parte de quem recebe o *feedback*.

Observe que os exemplos anteriores deixam margem para informações interpretadas de um fato que ocorreu.

VAMOS A MAIS UM EXEMPLO:

– Você não é confiável.

Essa frase soa agressiva, não é mesmo?

ENTÃO, PREFIRA DIZER:

– Você disse que eu teria um e-mail às 11h. E eu ainda não o recebi.

Até mesmo no caso de *feedback* positivo, também é importante especificar, pois queremos deixar claro o que desejamos que a outra pessoa faça ou deixe de fazer, e, se houver margens à interpretação, haverá dúvidas a respeito da repetição de um comportamento.

3 *Mostre o impacto advindo da ação*

Aqui você diz exatamente como aquele fato o impactou, ou até mesmo impactou a equipe ou a empresa.

ENTÃO, NO CASO ANTERIOR, DO E-MAIL NÃO RECEBIDO, SUGERIMOS DIZER, POR EXEMPLO:

– ***Como eu não recebi a sua mensagem, fiquei parada em meu trabalho, não pude ir adiante.***

ESPECIFICANDO AINDA MAIS:

– ***Eu gostaria que você tivesse adicionado os dados do último relatório, porque teriam me ajudado a entender os resultados mais rapidamente.***

Isso dá um sentido de propósito, significado e lógica entre os pontos, o que é algo que o cérebro assimila de imediato facilitando o entendimento global da situação.

4 Faça perguntas obtendo comprometimento de mudança futura

Observamos também que os gestores que são bons em dar *feedback* levam o interlocutor à reflexão quando o envolvem em alguns questionamentos.

EXEMPLO:

– *Como você vê isso?*

OU:

– *Sobre esta questão, é o que penso. E você, quais são as suas ideias sobre isso?*

Dessa forma criamos comprometimento e responsabilidade em vez de apenas o outro nos ouvir e concordar. Faz com que a conversa não seja um monólogo se tornando uma articulação entre a situação problema e a solução.

FINALIZANDO OS QUATRO PASSOS, UM OUTRO DADO É RELEVANTE:

Percebemos um ponto comum entre os gestores, eles também pedem regularmente por *feedback*. Demonstrando assim que também querem se desenvolver e acreditam na ferramenta.

Isso mesmo, em nossa pesquisa sobre liderança percebemos que os gestores que se destacam não esperaram que um *feedback* seja dado, pedem *feedback*. Posicione-se, assim, como um ávido aprendiz e com isso, ao pedir por *feedback*, você terá a oportunidade de constante desenvolvimento.

As situações mais desafiadoras são as que pedem por maior habilidade ao dar e receber *feedback*. E tais conversas não precisam ser difíceis.

RESUMINDO

Dissemos e repetimos, nas páginas anteriores, que o *feedback* é importante para gerar engajamento e motivação trazendo, dessa forma, melhores resultados.

Para que isso aconteça, até aqui, conhecemos os erros mais comuns que devemos evitar, em seguida falamos na fórmula de quatro passos para produzir *feedbacks* de qualidade.

A seguir, veremos os tipos de feedback e um guia para cada um desses tipos, levando assim a feedbacks enriquecedores, que sejam caminhos para o desenvolvimento de todos nós.

3 DIFERENTES TIPOS DE FEEDBACKS E COMO SE PREPARAR

Lembramos que a qualidade do seu *feedback* é decisiva para garantir a motivação da sua equipe toda, em quaisquer dos quatro tipos de *feedback*.

1 FEEDBACK DE REFORÇO, POSITIVO OU APRECIATIVO

Nesse tipo de *feedback* você reconhecerá os comportamentos que deseja que se repitam. Você elogiará as pessoas da sua equipe, demonstrando, assim, o que espera da equipe e de cada integrante individualmente.

PERCEBA A IMPORTÂNCIA DE UM ELOGIO PARA SUA EQUIPE.

Ao praticar, mantenha seu foco em perceber as reações. É essencial que o gestor, pelo menos uma vez por semana, faça um elogio, para as pessoas da sua equipe. Assim, elas saberão se estão indo bem.

Observações:

a) O primeiro ponto a ser considerado ao fazer elogios é que nem todos gostam de ser reconhecidos da mesma forma.

Há pessoas que gostam de elogio na frente de todo mundo, enquanto outras gostam em particular, pois ficam envergonhadas com a exposição.
Então, é importante que, você gestor, entenda como cada pessoa da sua equipe gosta de ser reconhecida e elogiada.
O *feedback* ou qualquer tipo de reconhecimento só fará o efeito de engajar e motivar, se dermos a moeda que aquele colaborador valoriza. *Feedback* em público ou particular. Então, o primeiro passo é conhecer seu colaborador.

b) O segundo ponto importante é que, você gestor, esteja com o radar ligado, atento no dia a dia, para perceber os pontos fortes e as situações que você pode usar para reconhecer e elogiar cada pessoa da sua equipe.

Há gestores que nos dizem que elogiar uma vez por semana é muito e que vai soar falso se o fizer. Será que esse gestor não tem o foco maior no negativo e não no positivo?
Se ele estiver com a genuína intenção de

encontrar uma situação por semana para elogiar, estamos certos de que conseguirá.

Ao elogiar, seja específico em relação ao ponto que você está elogiando.

EVITE FRASES GENÉRICAS COMO:

– ***Gostei da maneira como você atendeu aquele cliente.***

PROCURE SER ESPECÍFICO, COMO, POR EXEMPLO:

– ***Gostei da maneira como você ouviu atentamente o cliente, conseguiu entender as necessidades dele, com isso gerou um bom atendimento.***

Em relação a este segundo passo é importante o gestor ter um local de anotações para registrar as observações do dia a dia.

2 FEEDBACK DE MELHORIA OU CORRETIVO

Utilizaremos esse tipo de *feedback* quando quisermos ajustar um comportamento inadequado que percebemos em alguma pessoa da equipe.

ATENÇÃO AO PASSO A PASSO:

O *feedback* de melhoria ou corretivo tem como proposta corrigir algum comportamento inadequado. Não é uma conversa fácil de fazer. Para ajudá-lo na tarefa de dar *feedbacks* de melhoria ou de correção, temos duas regras de ouro:

a) ***Fator tempestividade***

É importante que você não deixe passar muito tempo do evento que aconteceu. Quanto antes você der o *feedback,* mais recente ele estará tanto na sua memória quanto na do colaborador.

b) ***Fator serenidade***

Existe uma segunda regra importante: você precisa estar tranquilo para conduzir a conversa. Então, não adianta você falar logo após o evento se estiver irritado. Primeiro se acalme, depois você conduz essa conversa sem interferências emocionais.

Pulo do gato!

Temos a seguir uma estrutura para ajudá-lo a conduzir essas conversas.

Trata-se de 5 perguntas que facilitarão o entendimento dos que recebem o *feedback*, e a você, que dará o *feedback*, torna mais simples a organização do seu pensamento e traz clareza à mensagem que você quer passar.

AS 5 PERGUNTAS SÃO:

- ***O que aconteceu?***
- ***Que resultado isso provocou?***
- ***Qual foi o impacto que isso gerou?***
- ***Como evitaremos que isso se repita?***
- ***Quais aprendizados você tira dessa experiência?***

Vamos detalhar e trazer exemplo para cada pergunta proposta.

Imagine que uma pessoa da sua equipe, da área de atendimento ao cliente, demorou para responder a uma solicitação de um cliente que foi feita por *e-mail*. Supondo que o cliente mandou um *e-mail* e a pessoa demorou 10 dias para responder. Isso fez com que o cliente ficasse irritado e encerrasse a conta dele no nosso banco.

É importante que você traga, com clareza, qual foi o fato ocorrido.

As 5 perguntas com exemplos:

O que aconteceu?

– Margarida, tivemos uma situação desagradável com o cliente BUGSY. Você recebeu um e-mail do cliente e demorou 10 dias para responder.

Que resultado isso provocou?

– O cliente ficou muito irritado e encerrou sua conta no nosso banco.

Qual foi o impacto que isso gerou?

– Diga qual foi o resultado que aconteceu em função do fato de o cliente ter esperado ao

longo de duas semanas por nossa resposta ao seu e-mail. Esse cliente representava 30% dos resultados da carteira de aplicações. Perdemos resultados que farão diferença no bônus da equipe toda e na classificação da nossa agência no ranking do banco.

Como evitaremos que isso se repita?

– *Proponha um plano de ação, construído em conjunto, para evitar que esse problema volte a acontecer no futuro.*
Que ações você propõe para evitarmos que outros clientes esperem por respostas de suas solicitações por mais que dois dias?
Esse plano de ação, depois de aceito, será apresentado como compromisso para a equipe toda. Vamos estabelecer também os pontos de controle.

Quais aprendizados você tira dessa experiência?

– *Nesse momento, solicite a Margarida que descreva os cuidados que tomará e o que de mais relevante ela leva de aprendizado.*

3 FEEDBACK ANUAL / SEMESTRAL OU FEEDBACK FORMAL

Muitas empresas utilizam esse modelo de calendário para também oferecer *feedback* atrelando-o à avaliação de desempenho anual/ semestral do colaborador.

Atualmente, a eficácia dessas conversas já é muito questionada. Muitas empresas já aboliram a prática dessa conversa formal anual, dentre elas estão: Netflix, Accenture, Microsoft não usam mais como um calendário fixo, portanto o *feedback* passa a ser oportuno, ou seja, quando necessário.

O *feedback* formal – calendário - ainda é muito frequente quando olhamos o mundo corporativo. Então, se você é gestor nessas empresas é bom estar preparado para a condução dessas conversas.

Pesquisas mostram que apenas 29% das pessoas sentem que sua avaliação de desempenho foi justa quando olharam para o próprio desempenho.

Então, a garantia de um sucesso maior está diretamente associada à sua preparação para essas conversas.

Veremos, a seguir, um guia de estratégias apropriadas para esse tipo de *feedback,* afinal estamos falando sobre todo um ciclo e não apenas um evento.

7 PASSINHOS PARA ESTRUTURAR UM BOM FEEDBACK FORMAL

7.1 *Não traga elemento novo.*

O *feedback* formal não pode trazer elemento novo. Deve ter como base tudo que foi conversado ao longo do ciclo avaliativo. Não pode conter o elemento surpresa. Se você trouxer algum elemento novo é sinal de que deveria ter feito uma outra conversa antes, combinando isso.

7.2 *Utilize parâmetros objetivos.*

Seja muito objetivo quando for fazer uma análise do desempenho de algum colaborador.
Utilize as metas que você tinha combinado com a pessoa que ela entregaria ao longo do ano e compare com o que foi entregue.

7.3 *Refletir e fazer uma autoanálise.*

Peça que o colaborador faça uma reflexão sobre o desempenho dele. Como a pessoa vê o desempenho dela ao longo do ano, onde ela vê que foi bem e onde ela vê que poderia ter ido melhor. Esse é o momento em que a pessoa fala só dela, fique atento para ajudá-la a evitar jogar a culpa para terceiros.
Não é o caso, a pessoa olha para si e faz uma autoanálise após reflexão.

7.4 *Validação.*

Você deve validar aquelas questões que a pessoa trouxe e que você concorda, aquelas em que existe sinergia entre o seu olhar e o olhar dela.

7.5 *Pontos discordantes.*

Depois disso, é importante ressaltar os pontos em que você discorda.

Nossa sugestão é que você traga exemplos para embasar a sua análise. Diga que discordar é importante e que são pontos de vistas diferentes que melhoram e acuram a percepção e que, inclusive, podem até mudar a opinião do outro.

Aqui lembramos de uma música linda do Capital Inicial.

> “SE NÃO FAZ SENTIDO DISCORDE COMIGO NÃO É NADA DEMAIS SÃO ÁGUAS PASSADAS ESCOLHA UMA ESTRADA E NÃO OLHE, NÃO OLHE PRA TRÁS”

7.6 *Pontos fortes.*

Ressalte os pontos fortes que a pessoa tem. É muito importante que essa conversa de *feedback* formal não fique em cima apenas dos *Gap's* e do que não foi entregue. É essencial que você ressalte aquilo que você viu que foi positivo e as evoluções que você percebe que ela teve ao longo do ano. Lembre-se disso e feche a conversa com um olhar positivo.

7.7 *Olhar para o futuro.*

O último passo aqui é convidar para um olhar para o futuro. Convide a pessoa a nova reflexão sobre:

- O que ela viu que ela faz bem.
- Como ela pode fazer isso ainda melhor no ano seguinte, ou o que ela viu que não funcionou tão bem e como ela pode evitar tais erros no futuro.

Feche analisando juntos as possibilidades futuras desse profissional e as competências que, se reforçadas, darão mais brilho à carreira dele. Nesse olhar para o futuro, encontramos mais um conceito relevante que não poderíamos deixar de trazer para você.

Feedback: foco no futuro

FEEDFORWARD

Esse tipo de *feedback* visa promover uma transformação de comportamento com os olhos voltados para o futuro. O ideal é que toda conversa de *feedback* termine com uma conversa de olhar para o futuro.
Nessa conversa, investigue os planos futuros do colaborador e montem juntos um plano de ação, para desenvolvimento das competências necessárias incluindo processos de *Coaching* ou Mentoria, se for o caso. Inclua ações no dia a dia que propiciem maior proximidade com a rotina pretendida.

Você como gestor tem uma enorme responsabilidade com a sua equipe.
Dados demonstram que um bom gestor alavanca em até 70% o nível de engajamento.
Pesquisas também demonstram que o maior percentual de colaboradores que pede demissão quer se afastar do seu gestor e isso você não quer carregar nas costas, concorda?

SÃO MUITOS OS AUTORES QUE FALAM SOBRE FEEDBACK, MAS, ENTRE ELES, SÃO COMUNS ALGUMAS TEORIAS.

Williams, Richard L., em seu famoso livro "Preciso saber se estou indo bem", nos diz:

Feedbacks e seus resultados:

1. ***Feedback positivo:***
Repetição do comportamento.

2. ***Feedback ofensivo:***
Desprezo.

3. ***Feedback corretivo:***
Mudança de comportamento.

4. ***Feedback insignificante:***
Resposta mínima.

OS 4 TIPOS DE FEEDBACKS E COMO FAZER

1 FEEDBACK POSITIVO: REPETIÇÃO DO COMPORTAMENTO

- ***Descreva um comportamento específico.***
- ***Descreva os impactos positivos do comportamento.***
- ***Descreva como você se sente em relação ao comportamento.***
- ***Descreva com alegria, como se fosse um depósito em uma conta-corrente emocional. Saldo positivo.***

2 FEEDBACK OFENSIVO: DESPREZO

NÃO RECOMENDADO

- ***Descreva um comportamento geral.***
- ***Descreva as consequências do comportamento com exageros.***
- ***Descreva como você pensa em***

relação ao comportamento.

- ***Descreva por que você não admite o comportamento.***
- ***Coloque emoção de raiva e medo.***
- ***Saiba que comprometerá o relacionamento, você desqualifica.***

3 FEEDBACK CORRETIVO: MUDANÇA DO COMPORTAMENTO

- ***Descreva um comportamento e o evento especificamente.***
- ***Descreva como você se sente em relação ao comportamento.***
- ***Descreva por que você se sente dessa forma.***
- ***Descreva os impactos do comportamento e o processo no cliente.***
- ***Cuidado para não partir para o feedback ofensivo.***
- ***Construa um ponto de controle em conjunto.***
- ***Peça que o outro fale... também.***

4 FEEDBACK INSIGNIFICANTE: RESPOSTA MÍNIMA

NÃO RECOMENDADO

- ***Dê feedback de maneira vaga.***
  – É isso aí, que bom né, ok, legal.
- ***Não dê dados, nem fatos.***
- ***Não pergunte.***
- ***Cuidado para não partir para o feedback ofensivo.***
- ***Construa um ponto de controle em conjunto.***
- ***Peça que o outro fale ...também.***

Algumas pessoas utilizam esse *feedback* acreditando que causará um enorme efeito positivo. Na verdade, não é o que acontece. Ele gera uma resposta mínima por parte da outra pessoa.

DECÁLOGO

Antes de oferecer o feedback, observe:

I

ELABORAÇÃO DE UM PLANO: preparar exemplos e sugestões de soluções educativas.

II

ABORDAGEM ESPECÍFICA: saber o que de fato aconteceu para apresentar exemplos claros e compreensíveis.

III

FOCO EM COMPORTAMENTO: o *feedback* eficiente não lida com personalidades ou preconceitos. Concentra-se em comportamentos específicos, que podem ser analisados e mensurados.

IV

ESCOLHA DE LOCAL E HORA: o retorno deve ser dado com agilidade e em local apropriado. As críticas nunca devem ser feitas em público.

V **FEEDBACK EQUILIBRADO:**
deve haver um equilíbrio entre o retorno positivo e o corretivo.

VI **FEEDBACK RELEVANTE:**
expressar uma opinião sem perder a cabeça ou exagerar. É fundamental ser objetivo e permanecer calmo.

VII **TÉCNICAS EFICIENTES:**
ir direto ao assunto, estabelecer contato visual e focar as questões essenciais.

VIII **ESTILO EFICAZ:**
criar uma abordagem pessoal. Um estilo eficaz requer algum tempo para ser desenvolvido e inclui a prática de não dar conselhos a menos que a pessoa solicite.

IX **DESCRIÇÃO DE SENTIMENTOS:**
pode ser complicado para quem tem dificuldade de demonstrar o que sente, mas é impactante no momento do *feedback*.

X

CAPACIDADE DE OUVIR: encorajar a pessoa a expressar seu ponto de vista e escutar atentamente o que ela diz.

Williams alerta para o fato de que a cordialidade é um tipo de *feedback*. ***"Dar bom-dia a um colaborador e perguntar como foi o fim de semana é um feedback importante."***, escreve em um trecho do livro. O contato visual também é considerado um tipo de retorno. Se não o fizer, dará a impressão de que a pessoa não é importante. O autor alerta ainda que algumas pessoas demandam mais *feedback* do que outras e é necessário dar mais atenção a elas.

> "
> **SE FALARES A UM HOMEM NUMA LINGUAGEM QUE ELE COMPREENDA, A TUA MENSAGEM ENTRA NA SUA CABEÇA. SE LHE FALARES NA SUA PRÓPRIA LINGUAGEM, A TUA MENSAGEM ENTRA-LHE DIRETAMENTE NO CORAÇÃO.**
> "
> **Nelson Mandela**

COMO RECEBER FEEDBACK!

Tais palavras são de Sheila Heen e Douglas Stone, professores em Harvard, no livro "Obrigado pelo *feedback*" que nos brindam com reflexões valiosas como:

> "*A avaliação de desempenho no trabalho, os conselhos da sogra sobre como criar os filhos, o sermão do policial que acabou de te parar. Recebemos feedback todos os dias, de amigos, familiares, colegas, clientes, chefes, professores, médicos ou até mesmo de estranhos.*
> *Somos avaliados, treinados e criticados em relação ao nosso desempenho, nossa personalidade ou nossa aparência o tempo todo. Sabemos que o feedback é essencial para o desenvolvimento profissional e para manter as relações*

saudáveis, mas nós o tememos e frequentemente o rejeitamos. Queremos aprender e crescer, mas também buscamos ser aceitos e respeitados. ”

Em um trecho seguinte, os autores complementam argumentando que anualmente muito se investe no mundo dos negócios ensinando as pessoas a como dar *feedback* de modo mais efetivo, e que assim estamos operando no polo inverso -

“ *o mais inteligente é educar os receptores, afinal, são eles que interpretam o que estão ouvindo e decidem se e como mudar. Receber feedback é tão difícil quanto emiti-lo, já que podemos ser injustos, descabidos, nos prepararmos mal para dizê-lo, sem contar que estaremos apenas pressionando com mais eficácia, comentou um gestor.* ”

O *feedback* faz parte da vida em seus múltiplos aspectos, o *feedback* tem asas, voa alto. Receber o pedido de divórcio, a análise

do desempenho, a nota na prova escolar, a notícia do resultado do vestibular para universidade, perder o emprego, negócio próprio que vai à falência etc.
Seremos avaliados ao longo da vida toda, subindo ou não gratificações, promoções, salários e autoestima.
Acreditamos que a capacidade de o aceitar bem não é uma característica inata, e sim uma competência que pode ser cultivada.
Receber bem o *feedback* não quer dizer que você tenha sempre de aceitá-lo.

QUESTIONE-SE:

O QUE ESTOU APRENDENDO?

VOU USAR O QUE OUÇO AGORA?

ESTOU ABERTO PARA ME ENXERGAR DE FORMA NOVA?

A prática mostra que quando ficamos bons em recebê-lo, até os *feedbacks* mais espinhosos nos parecem menos ameaçadores.

Por outro lado, trabalhar ou viver ao lado de uma pessoa que é fechada ao *feedback*, ou que reage a ele na defensiva e com contestação, é extremamente cansativo.

Estamos sempre pisando em ovos e vivemos com medo de conflitos desnecessários.

> “*A influência transformadora do modelo é determinante no trabalho. Se você, gestor, procura por orientação, seus colaboradores também buscarão a mesma coisa, se você assume a responsabilidade por seus erros, seus pares se sentirão encorajados a admitir os deles, se você aceita uma sugestão de um de seus colegas de trabalho, eles ficarão mais abertos para suas sugestões.*
> *E está claro que quanto maior a ascensão, mais rara fica a orientação franca e assim você terá que se esforçar mais para obtê-la.*”

BOAS LIÇÕES, GRANDES MESTRES!

Gestores e colaboradores precisam de *feedback* para repensar caminhos ou fortalecer a ideia de que estão fazendo o correto, o esperado. O *feedback* é essencial para o desenvolvimento profissional e para manter as relações saudáveis, bem o sabemos.

O ideal, diferentemente do que ocorria até então, é treinar tanto gestores quanto colaboradores na arte de dar e receber *feedback*, conscientizando-os de que não estão, nem jamais estarão, em lados opostos, e sim, literalmente, no mesmo lado, ou seja, juntos.

Conversando recentemente com o *CEO* de uma multinacional, que nos contratava para ensinar *feedback* aos dez gestores da sua equipe, ouvimos, tão logo apresentamos a sugestão de que ele pediria *feedback* aos seus colaboradores diretos, os tais gestores.

POR QUE DEVO SOLICITAR FEEDBACK? AQUI EU DOU FEEDBACK.

Diante de tal afirmação foi necessário recordá-lo que só conseguimos mudar o que percebemos, conversamos sobre o que é, e para que serve um *feedback* nas organizações, quando, então, ele se mostrou favorável e agendou as sessões.

Apenas para relembrarmos, os gestores descobrem, por meio do *feedback* de seus colaboradores, como a equipe os vê: figura temida, respeitada ou parte da equipe.

Quais são seus pontos fortes na visão dos que lhe dão apoio, assim como, seus pontos a melhorar.

Apresentamos, a seguir, ALGUMAS SUGESTÕES PARA O MOMENTO DE RECEBER FEEDBACK:

Ouça o interlocutor.

Com atenção, ouça, sem interromper, assim ele se sentirá mais à vontade ao se expressar.

Faça anotações.

Você se lembrará de tudo e refletirá sobre soluções e estratégias para colocar em prática.

Evite argumentar.

Apenas ouça e extraia os pontos que servirão para você melhorar, considerando que o interlocutor pode não ter a prática no dar *feedback* e até se retrair por você ser o seu gestor. Nesse momento, segure a vontade de justificar.

Agradeça.

Ao final, diga sobre a contribuição valiosa que acabou de receber e que tais conversas serão constantes e informais a partir de então.

O gestor citado há pouco, após receber *feedback* de seus dez gerentes, percebeu um novo e importante caminho para maior aproximação entre eles, entendimento e clareza quanto ao que é esperado.
Agora, mais à vontade pretende fazer desta uma prática corriqueira.

E você, também pede feedback aos seus colaboradores?

Se sim, percebe se os deixa à vontade para contribuírem com o seu desenvolvimento?

Para quem dá *feedback* é importante descrever a situação e como percebeu o comportamento, explicar os efeitos sobre si sem ficar na defensiva. Para quem recebe, testar o entendimento sobre o fato e o comportamento, se não ficou claro, reconhecer o ponto de vista da outra pessoa, refletir como esse *feedback* se aplica para o seu desenvolvimento e planejar a ação.

Há uma expressão chamada ***Feedforward*** que significa dar ideias e sugestões, visando o aperfeiçoamento de competências necessárias ao alcance dos objetivos e metas da área ou da empresa.
O ***Feedforward*** ajuda a visualizar e focar um futuro positivo, pois faz parte do princípio de que as pessoas são capazes de fazer mudanças, se assim desejarem, para melhorar suas vidas.

O foco é no futuro, pois é para lá que você vai!

Comunicação NÃO-VIOLENTA

Um pouco de CNV para que você possa degustar essa forma de oferecer feedback.

Comunicação Não-Violenta (CNV) é um processo conhecido por sua capacidade de inspirar ação compassiva e solidária. Ensinada há mais de 40 anos por uma rede mundial de mediadores, facilitadores e agentes voluntários, fundada pelo psicólogo Dr. Marshall Rosenberg, a CNV está sendo utilizada em cada nível da sociedade por um crescente número de pessoas que deseja intervir e agir com meios práticos e eficazes em favor da paz.

Já falamos de *feedback* nas organizações há mais de 70 anos, mas podemos fazê-lo ainda mais efetivo. *Feedback* tem a ver com

comunicação, não é mesmo?
Então, podemos alimentar isso, especialmente neste momento tão difícil que vivemos a crise mundial do Coronavírus.

É muito oportuno falar desse tema, pois mesmo saindo da crise com novos modos de realidade o *feedback* continuará presente na nossa convivência.

Feedback é presente em nossas vidas, nas nossas interações como um todo e não apenas nas empresas.
Damos *feedback* o tempo inteiro.
O ser humano quer melhorar.

VAMOS REVER AQUI A PRÁTICA DO FEEDBACK PELA ABORDAGEM DA CNV.

O *feedback* com a abordagem da CNV traz mais qualidade de vida e bem-estar para quem o oferece e para quem o recebe.

CNV é um recurso que aprimora o processo de *feedback*. Combina 2 coisas, a verdade e o amor. Eu desejo que o outro cresça com sinceridade, que ele mude, que ele se transforme. É uma atuação compassiva com o outro.

A CNV tem 2 fundamentos, dois eixos ou duas rodas que fazem com que esse processo de comunicação seja enriquecido, que torne a nossa vida mais feliz.

Os dois eixos são: expressão autêntica e escuta empática, que entendemos coerentes com o processo de *feedback*.

A CNV não é apenas uma comunicação boazinha, romântica. Não é porque uma pessoa seja polida, delicada que não falará o que tem que ser dito com assertividade.

A essência do *feedback*, com abordagem da CNV, é quando você se conecta com o outro, ele compreende a sua necessidade e você faz o convite para criarem juntos caminhos para a melhoria daquilo que está sendo apontado.

A COMUNICAÇÃO NÃO-VIOLENTA SE DÁ EM 4 FASES:

1. ***Observação***
2. ***Sentimento***
3. ***Necessidade***
4. ***Pedido***

Veja que apoio importante a estrutura da CNV nos traz. A pessoa parte de uma observação sem julgamento, busca seus registros e combinações anteriores, expressa seu sentimento, informa a necessidade de ambos e faz um pedido.

EXEMPLO:

Eu me preocupo em receber esse relatório hoje sem todos os dados necessários, pois não atenderá a minha necessidade e não terei argumentos para ir à reunião de amanhã.

Eu, como líder, estou apreensivo, porque o meu diretor me espera amanhã.

Olhei o relatório e vi que faltam alguns dados.
Minha necessidade é ter argumentos para defender o projeto.
Você poderia incluir os dados faltantes?

A CNV nos capacita a ouvir os ***sentimentos e necessidades*** por trás dos julgamentos.

EXEMPLO:
João, percebi que você chegou atrasado três vezes nessa semana.
Você certamente tem algum motivo, gostaria que você percebesse que essa atitude me deixa aborrecido, pois atrapalha a minha organização do trabalho e consequentemente a entrega da equipe.
Você poderia chegar na hora combinada, como os demais funcionários?

Perceba, nos dois exemplos, a inclusão dos quatro elementos da estrutura da CNV:

OBSERVAÇÃO, SENTIMENTO, NECESSIDADE E PEDIDO.

Os 4 componentes são flexíveis, após aprender a estrutura, fale do seu jeito, é apenas um caminho para você se aprimorar.

O pedido é que pode trazer grande diferença. É um exercício de posicionar-se do líder.

EXEMPLO:
O que você pode fazer e o que você me vê fazendo para te ajudar?

Saia da estrutura do mando para do comando. Chame o liderado para se envolver. Coloque em prática todas as sugestões aqui contidas com relação às conversas de *feedback* e você aprimorará a sua gestão de pessoas.

Perguntaram a nós como preparar o outro para receber *feedback*. É mais cômodo receber elogios, concorda?
A preparação é a maneira como você faz.

O Dr. Marshall Rosenberg diz:

"SE EU FAÇO UMA CONEXÃO COM AS DUAS RODAS E SIGO O ROTEIRO, ABRO PORTAS PARA O DIÁLOGO E PARA A MUDANÇA. PORTANTO, CNV ABRE PORTAS, ESTABELECE PONTES."

Quando digo o que observo, o que sinto a partir de uma observação, coloco a minha necessidade, faço um pedido e pergunto ao interlocutor o que ele pode fazer, nesse momento o desloco da postura de reação de revidar ou ter outro comportamento negativo.

PARA FRENTE
É QUE SE ANDA

O feedback é uma ferramenta de gestão e, também, uma etapa importante na Gestão da Performance das pessoas que para os gestores traz clareza sobre o que foi acordado e o que foi entregue. Para o colaborador, clareza do que é esperado em relação ao solicitado. O que fazer, como fazer, quando entregar, ou seja, escopo, prazo e qualidade, acompanhados do querer, que dá todo aquele algo a mais que surpreende e encanta.

O feedback precisa ser seguido de ações de melhoria, de desenvolvimento, o que chamamos de *feedforward,* olhar para o futuro, sem o qual ele cai no vazio.

Nosso modelo para o feedback – RIAR

A partir das nossas experiências, leituras e aplicação em mais de 500 líderes durante treinamentos e mentorias, obtendo sucesso, entendemos que o modelo **RIAR** é uma ferramenta importante para o uso durante as reuniões de feedback.

Relato: descreva o processo e a não conformidade, ou descreva o comportamento observado, baseando-se em fatos específicos, com clareza, sem utilizar adjetivos de maneira generalizada. Descreva a ocasião (as ocasiões) em que aconteceu.

Impacto: aponte impactos processuais, eventuais perdas, bem como o impacto emocional, consequências do comportamento, em fatos e números e informe como se sente em relação a esse impacto e a sua expectativa anterior e futura.

Ações: trace planos de melhoria com responsabilidade compartilhada para comportamentos que o receptor possa modificar. Pergunte o que ele pode fazer para resolver e prevenir. Após o colaborador trazer a ideia, faça sugestões de alternativas, demonstrando preocupação em ajudar.

Responsabilização: busque comprometimento. Pergunte como ele pode acompanhar as ações de prevenção ou como acompanhará o seu próprio desempenho e como você saberá que está acontecendo a mudança.

EXEMPLO PARA SUA INSPIRAÇÃO:

R	+	I	+	A	+	R
José, o cliente não recebeu a proposta que ficamos de encaminhar ontem... Ele queria a proposta para discutir com a diretoria e já deixar encaminhando o assunto porque sairia de férias. E portanto, ficará para quando voltar.		Essa nossa falha adia uma questão importante para nós que é o nosso faturamento. Eu fiquei bem chateado porque gosto de cumprir minhas promessas. Nossa empresa precisa de agilidade.		O que você acha que podemos fazer para que fatos como esse não aconteçam mais? Como você vê isso?		Gostaria que tivesse um *checklist* para todos esses processos. Como você pode se comprometer? Como posso acompanhar? Como posso contribuir?

Desapegue

UM POEMA

Feedback não tem
compromisso firmado com nada
Feedback pode ser descartado
Feedback pode ser utilizado
Feedback pode ser desconstruído
Feedback pode ter um único
objetivo = diálogo
Feedback pode ser parte de um
programa de gestão do desempenho
Feedback é solitário
Feedback é corajoso
Feedback é amoroso
Feedback é invejoso
Feedback é uma ferramenta
Feedback faz você recalcular a rota
Feedback ajuda no desenvolvimento
Feedback abre janelas do
autoconhecimento
Feedback ilumina
Feedback é um despertador
Feedback abre espaço para
um diálogo de confiança
Feedback é sobre passado
Feedback não é comparar
você com outra pessoa

SEJA O QUE VOCÊ FOR FAZER COM LEMBRE-SE, O FEEDBACK É SEU!

Regra de ouro:

"Não faças aos outros o que não queres que façam a ti."

REFLEXÕES

1. **QUAL O MELHOR FEEDBACK QUE VOCÊ JÁ RECEBEU?**

   Aquele que fez sentido.
   Aquele que fez você se mover.

2. **QUAL O PIOR FEEDBACK QUE VOCÊ JÁ RECEBEU?**

   Aquele que não fez sentido.
   Aquele que fez você se desmotivar.

3. **QUAL O MELHOR FEEDBACK QUE VOCÊ JÁ OFERECEU?**

   Aquele que fez sentido.
   Aquele que fez o outro se mover.

4. **QUAL O PIOR FEEDBACK QUE VOCÊ JÁ OFERECEU?**

   Aquele que não fez sentido.
   Aquele que fez o outro se desmotivar.

EXERCÍCIO

Gratidão e Perdão

Gratidão pelo feedback 1

Perdão pelo feedback 2

EXERCÍCIO

Gratidão e Perdão

Gratidão pelo feedback 3

Perdão pelo feedback 4

ESPAÇO PARA VOCÊ ESCREVER:

O que sentiu ao realizar o exercício anterior.

***Sim,** você se sentirá muito bem!*

FOCO NAS FORÇAS E NOS TALENTOS DAS PESSOAS

Minhas sugestões para você

E então chegou o grande dia, o tão esperado dia em que o *GAP* não é mais o grande vilão, aquele *GAP* que impedia a minha promoção, aquele *GAP* me perseguia, que me dizia que eu não estava pronta, que eu não tinha o perfil.

O *GAP*, toda hora faltava um pouco, ora era de orientação a resultado, ora de relacionamento, ora de comunicação.

O *feedback* era sempre o mesmo: perceba o impacto da sua comunicação nos outros ou ainda, melhore a resistência à pressão, como se fosse fácil.
De tanto *GAP*, desenvolvi a tão sonhada inteligência emocional, que foi o maior ganho

desse processo todo.
Tem coisas que estão na nossa essência, que são traços da nossa personalidade, mas a inteligência emocional não, salve Daniel Goleman!

E assim lendo, assistindo filmes, ouvindo amigos, observando os gatilhos, respirando, meditando, é que fui desenvolvendo essa questão, essa competência, essa habilidade, essa atitude inteligente que a maioria das vezes tenho em situações de estresse.

Eu, Zuldene, agradeço a todos que me disseram que eu tinha pavio curto, que eu era isso ou aquilo, mas que de certo modo me fizeram esse ser equilibrado, pensante, com decisões rápidas, muitas vezes mais assertivas e certeiras e cada dia mais me sinto orgulhosa dessa experiência interna que é o autodescobrimento e o desenvolvimento com a contribuição do outro.

Gratidão é a palavra que mais completa essa trajetória.

E, para fechar com chave de ouro, nos encontramos na era das forças, bem-vindo Martin Seligman!

Escrevi o desabafo anterior, mas na verdade queria trazer uma reflexão sobre a forma antiga de dar *feedback* que era com foco em corrigir fraquezas, o que levou à negligência dos pontos fortes. Eu fui dessa época e tive a sorte de trabalhar em uma grande empresa multinacional que tinha o processo de *feedback* bem estruturado.

Todos sabemos que cada funcionário é diferente do outro, mas talvez não saibamos potencializar e utilizar de forma positiva essas diferenças.

Somos constantemente encorajados a corrigir nossas fraquezas para melhorar nossa produtividade. Assim, as organizações continuam sem revelar os nossos pontos fortes.

Veja este dado dos autores do livro
"Descubra seus pontos fortes"
Buckingham e Clifton, que afirmam que:

somente 20% dos funcionários nas organizações sentem que seus pontos fortes estão sendo utilizados.

Parece até que estamos em ambiente escolar e a avaliação da *performance* é um boletim.

Imagine suas forças de caráter, seus pontos fortes, seus talentos, seus conhecimentos, suas habilidades juntas...

MINHAS SUGESTÕES *para você*

01/

Você não precisa ter pontos fortes em todos os aspectos de sua atividade profissional para ser incrível. Identifique as suas forças e utilize quando precisar, isto é, nas situações difíceis para você.

02/

Melhore a cada dia seus Gaps, não se esqueça deles, pois não vão esquecer. Então, vá até o seu máximo. Estude, comece pelo conhecimento, depois treine, depois encare sem medo ou com medo mesmo e, por fim, inove, afinal você já está no seu melhor!

03/

Tenha um grande parceiro que possa ajudá-lo naquilo que tem dificuldade e aprenda com ele.

FOCO NO AUTOCONHECIMENTO
Superando a teimosia

Eu, Márcia, trabalhei ao longo de anos em um grande banco com capilaridade nacional. Naquela empresa, estive em posições de liderança tais como, gerente, gerente regional e superintendente de negócios.
Certa ocasião, já na posição de superintendente de negócios abrangendo importante região do país, em fase de *feedback* 360º graus, não gostei da avaliação que recebi, pois estava em total desacordo com a forma como me via e permaneci na defensiva.

O tempo passou, não muito, e de repente tudo fez sentido!

Passei a me ver de outra forma, novas lentes de entendimento levaram-me a pensar: — Ah, entendi! É aqui que posso melhorar, resgatando aquele *feedback* de tempos antes, foi isso que sabotou meu casamento, é bem nisso que agora minha segunda carreira pode dar um salto e, de imediato, busquei caminhos que me levaram a agir diferente.

Confesso que o *feedback* 360º graus foi a única forma de fazer pessoas como eu, bem-sucedidas, porém teimosas, olharem com olhar renovado para si mesmas.

Percebo, nas organizações por onde trabalho como consultora, quão teimosamente acomodados estão muitos dos seus gestores.

Seria medo de trabalhar duro para crescer, ficando assim ainda mais em evidência, seriam sabotadores até então inconscientes, dificuldade em admitir-se aprendizes ao longo da carreira toda, ou a presunção de que, como pessoas e como profissionais, estão prontos e já são suficientemente bons para o enfrentamento de qualquer situação?

As pessoas são capazes de aprender, se percebem e trazem para si mesmas a mudança necessária?
Certamente que sim!
E fator diferenciado, no cenário anterior, é levar para pensar, sem muita argumentação impulsiva, *feedback* 360° graus que envolva pessoas que nos acompanham em nossos múltiplos papéis como pais, filhos, amigos, colaboradores, gestores etc.

Sinceramente, quanto ao feedback ouso concluir, após anos de estudos, observação e escuta atenta, que se está ruim com ele, pior seria sem ele.

PERGUNTAS PARA AJUDAR *no desenvolvimento do outro*

Aqui listaremos algumas perguntas para que você possa contribuir com o seu interlocutor ao oferecer um feedback.

O que você pode fazer de diferente?

Quais alternativas você pode criar?

O que mais pode fazer?

De que maneiras isso pode ficar ainda melhor?

Com o que você pode se comprometer?

O que está o segurando nesse momento?

O que o impede de fazer melhor o seu trabalho?

Que barreiras você terá que superar?

Qual seu maior desafio para resolver essa questão?

Qual o primeiro passo ao sair dessa nossa conversa?

Que aprendizado você tira dessa situação?

Qual a sua contribuição nesse problema?

O que vai ensinar para o seu filho sobre uma situação como essa?

> “O MAIS IMPORTANTE NA COMUNICAÇÃO É OUVIR O QUE NÃO FOI DITO.”
>
> ***Peter Drucker***

CONCLUSÃO

A palavra conclusão remete a um fim, mas na verdade o desenvolvimento não tem esse caráter. Aqui deixaremos algumas das nossas verdades de hoje.

Feedback é um presente, ao oferecê-lo lembre-se de ressaltar algo verdadeiro e positivo que reconheça na pessoa.

Compreenda que por trás de todo "erro" há uma boa intenção.

Faça com que o outro perceba seu desejo de ajudar, de contribuir para o seu desenvolvimento.

Reconheça um bom trabalho e não diga que o outro fez apenas a sua obrigação.
Esse é um chavão que não ajuda a construir relacionamentos positivos.

Sheila Bettel, autora de "12 Forças do líder", nos ensina o poder do reconhecimento:

"

Todos nós trazemos um cartaz pendurado no pescoço, é um cartaz invisível, onde se lê FAÇA-ME SENTIR IMPORTANTE.

"

SIM, AS PESSOAS GOSTAM DE SER RECONHECIDAS, PORTANTO:

- **Inclua *feedback* em sua agenda.**
- **Peça *feedback* sobre alguma habilidade que queira desenvolver.**
- **Agradeça sempre que receber um *feedback* e evite justificar-se.**
- **PREPARE-SE para oferecer um *feedback*.**

Querido leitor,
não esgotamos o tema,
ainda queremos deixar
a frase:

SE JOGA NO AUTOCONHECIMENTO.

A questão de confiança na outra pessoa é difícil, especialmente no trabalho, pois pode afetar nosso *status* ou imagem. Ao receber um *feedback* quanto a uma questão que precisa ser aprimorada, podemos sentir que o apoio que esperávamos está sendo negado. Percebemos que estamos com dificuldades e que precisaremos mudar para resolvê-las, então reagimos defensivamente: paramos de ouvir, negamos a validade do *feedback*, agredimos o emissor.

Às vezes, SE JOGAR pode significar descobrir e reconhecer algumas VERDADES SOBRE NÓS que temos evitado.

A MUDANÇA REAL E PRETENDIDA É:

- ***Abandonar o olhar acostumado.***
- ***Pensar diferente - mudar o mindset.***
- ***Não temer a crítica.***
- ***Buscar o feedback.***
- ***Ser amigo do novo e da mudança.***
- ***Dispor-se a aprender com o***

*Chegamos ao final da jornada
a que nos propusemos neste livro.*

*Sim, claro, o tema não se esgota,
busque novas fontes.
Entendemos como atualíssimo
um tema tão presente e instigante
e agradecemos por estar conosco
nestas páginas.*

*Por fim,
não existe fracasso,
apenas Feedback!*

Caderno de EXERCÍCIOS *Vamos praticar feedback?*

A SEGUIR, TEMOS 6 SITUAÇÕES.

Convidamos você a se posicionar como gestor e dar feedback ao colaborador.

SITUAÇÃO 1

Felipe é funcionário na sua equipe há três anos. Tem boa *performance* e atinge seus objetivos e compromissos. Apresenta dificuldades de relacionamento com algumas pessoas e não resolve conflitos. Responde agressivamente em muitas situações com pares e com você. Explode com facilidade. ***Você precisa oferecer feedback.***

ESCREVA A SEGUIR COMO VOCÊ FARIA.

SITUAÇÃO 2

O novo funcionário, André, não está correspondendo às expectativas e já está terminando seu período de experiência, tem ótima indicação na mesma área em outra empresa, mas parece estar um pouco perdido. Não está conseguindo cumprir os prazos e a qualidade do trabalho é insuficiente.
Não sabemos o que está acontecendo.
Chame para um feedback.
ESCREVA A SEGUIR COMO VOCÊ FARIA.

SITUAÇÃO 3

Você tem um colega, Artur, que quer ser o chefe e não esconde de ninguém. Está sempre tentando mandar em você, controlar suas atividades e seus movimentos. Você cumpre suas tarefas, mas sempre é alvo de críticas por parte dele. Você percebeu esse comportamento dele depois que você foi promovido, agora é gestor da área em que ele trabalha, a impressão é que ele quer apresentar seus problemas para tentar ficar com a vaga.

Está na hora de você conversar com ele e dar um feedback.

ESCREVA A SEGUIR COMO VOCÊ FARIA.

SITUAÇÃO 4

Seu colega Átila é inteligente, mantém todo o trabalho em dia. O que falta mesmo é um pouco de iniciativa, ou seja, atitude de antecipar-se para prevenir ou solucionar ocorrências no trabalho. Ele sempre pergunta para você o que deve fazer, mas não observa os processos em andamento, não analisa o que pode ser melhorado. Você precisa dar um *feedback* para ele.

Prepare-se e converse com ele.

ESCREVA A SEGUIR COMO VOCÊ FARIA.

SITUAÇÃO 5

Ricardo apresenta bons resultados no trabalho, mas falta autodesenvolvimento. Ele está estagnado, precisando de iniciativa em procurar fontes de aprimoramento profissional, domínio de novas técnicas, métodos e procedimentos. Você já falou com ele uma vez e ele ressaltou os bons resultados atingidos, mas você acredita que ele tenha potencial para mais.

Daqui a pouco ele chegará para o *feedback* formal.

Escreva a seguir como você faria, lembre-se de que ele virá com a defesa de que não está devendo nada.

E VOCÊ PRECISARÁ DE UMA CONTEXTUALIZAÇÃO.

SITUAÇÃO 6

Júlio é o cara mais alegre da equipe, agregador, sempre disponível para cooperar. Tem bom relacionamento com todos, mas a qualidade de seu trabalho deixa a desejar e sempre falta algo. Apresenta dificuldades de realização do trabalho com correção, técnica, observância de procedimentos, clareza, coerência, apresentação e conteúdo.

Chegou o momento do feedback anual, você o chama para conversar.

ESCREVA A SEGUIR COMO VOCÊ FARIA.

VAMOS PRATICAR COM FEEDFORWARD: DUAS SITUAÇÕES

SITUAÇÃO 1

Felipe é funcionário na sua equipe há três anos. Tem boa *performance* e atinge seus objetivos e compromissos. Apresenta dificuldades de relacionamento com algumas pessoas e não resolve conflitos. Responde agressivamente em muitas situações com pares e com você. Explode com facilidade. Você precisa oferecer *feedback*.

ESCREVA A SEGUIR COMO VOCÊ FARIA.

Feedback:

**SOLUÇÕES EDUCATIVAS.
O QUE FAZER, QUANDO, COMO:**

SITUAÇÃO 2

O novo funcionário, André, não está correspondendo às expectativas e já está terminando seu período de experiência, tem ótima indicação na mesma área em outra empresa, mas parece estar um pouco perdido. Não está conseguindo cumprir os prazos e a qualidade do trabalho deixa a desejar. Não sabemos o que está acontecendo. Chame para um *feedback*.

ESCREVA A SEGUIR COMO VOCÊ FARIA.

Feedback:

SOLUÇÕES EDUCATIVAS.
O QUE FAZER, QUANDO, COMO:

Aqui vai um exercício para você aplicar na sua empresa:

EXERCÍCIOS EM TRIOS

Nesta nova série de exercícios, temos 3 papéis a serem representados.

O ***primeiro*** é o ***papel de líder***.
Para o líder temos um *script*, uma situação, que apenas ele conhecerá.
O ***segundo papel*** será o de ***colaborador***, cuja situação apenas o colaborador conhecerá.
Nesta cena há um ***terceiro papel,*** o de ***observador***. Caberá ao observador fazer apenas anotações ao longo da encenação,

não cabendo intervir na cena.
Ao final, o observador dará *feedback* sobre os pontos de acerto e pontos a melhorar.

CASE 1 LÍDER *Guilherme*

DÁ FEEDBACK

Leonardo está na sua equipe há um ano e 6 meses. Após uma difícil negociação, você conseguiu recrutá-lo do mercado. Inicialmente, ele parecia interessado em aprender e se mostrava comprometido com o trabalho, mas com o passar dos meses seu desempenho caiu e ele não apresentou resultados, ou seja, não atingiu os objetivos negociados. Os clientes internos reclamam da sua ausência e demora no atendimento da resolução dos problemas.
Você procurou saber dele o que estava acontecendo, mas ele não se abriu.
Você está prestes a demiti-lo se o comportamento não mudar e o resultado não acontecer em 3 meses.
Você não solicitou o aumento negociado na admissão em função dos resultados.

CASE 1 COLABORADOR *Leonardo*

RECEBE FEEDBACK

Seu nome é Leonardo. Você faz parte da equipe do gestor Guilherme há 1 ano. Você estava bem em outra empresa quando foi convidado a assumir um novo desafio. Veio ganhando 20% a mais e com promessa de mais 20% após 1 ano, porém as promessas não foram cumpridas e nada foi falado a respeito. Você acha que palavra dada deve ser no mínimo conversada. Sua esposa está passando por um problema de saúde e precisa fazer exames caros. Depois disso tudo, sua motivação despencou. Você prefere não falar da sua vida pessoal no trabalho, porém hoje receberá *feedback* do seu gestor e pensa em lhe dizer o que está acontecendo, desabafar com ele.

CASE 1

Considerações da observadora Bruna

Quanto à postura do líder

Quanto à postura do liderado

CASE 2 LÍDER *Gabriela*

DÁ FEEDBACK

Seu nome é Gabriela e você assumiu sua área atual há 6 meses. Nesse período tem conversado com as pessoas de sua equipe a fim de conhecer seus papéis e responsabilidades e analisado como tem feito suas entregas. Chegou a hora da avaliação e promoção anual.

Em sua opinião, Caio é um bom profissional, mas não está pronto para ser promovido neste momento. Você tem apenas 1 vaga para Sênior e tem outra profissional na equipe com maior prontidão.

Caio tem algumas habilidades a serem desenvolvidas, por exemplo: capacidade analítica e cumprimento de prazos.

CASE 2 COLABORADOR *Caio*

RECEBE FEEDBACK

Seu nome é Caio. Você é Analista Pleno há 5 anos e está prestes a ser promovido. Tem bom relacionamento com os demais colegas e faz o seu trabalho da sua maneira e com dedicação.

Hoje à tarde está agendada uma conversa de *feedback* entre você e Gabriela, sua gestora.

Você está radiante, pois acha que será promovido, já tem tempo na função e cumpre com a elegibilidade.

CASE 2 *Considerações da observadora Luiza*

Quanto à postura do líder

Quanto à postura do liderado

CASE 3 LÍDER *Shaiene*

DÁ FEEDBACK

Seu nome é Shaiene. Você é gerente promovida há 2 meses. Após reunião de comitê de RH para decidir as novas promoções, você precisa informar os resultados à sua equipe. Melissa receberá um aumento e será observada por 6 meses. Caso melhore em alguns aspectos, será efetivada supervisora após esse período. Melissa entrou na empresa na mesma data que você. Era, até então, seu par e amiga. Ela tinha a expectativa de ser promovida para supervisão imediatamente, uma vez que seu resultado final atendia às expectativas em quase todos os comportamentos e as metas foram alcançadas. Para assumir novas responsabilidades, falta inteligência emocional para trabalhar em equipe. Demonstra impaciência, dificuldade em ouvir as opiniões dos demais e se precipita nas tomadas de decisão tendo alguns impactos negativos na área.
Você marcou uma conversa com ela hoje.

CASE 3 COLABORADORA *Melissa*

DÁ FEEDBACK

Seu nome é Melissa e você faz parte da equipe da Shaiene.

Nos últimos dois dias, ela ficou em reunião e você a substituiu.

Está ansiosa para saber as novidades, principalmente sobre sua esperada promoção a supervisão.

Não tem nada a temer, apresenta mês a mês resultados positivos, pega no pé da equipe e exige disciplina e ordem.

Dizem até que você exagera em agressividade, não ouve as pessoas, exige que as coisas têm que sair do seu jeito.

Saindo sua promoção, você vai mostrar para todos que resultado vale mais do que comportamento. Gol é Gol.

CASE 3

Considerações do observador Danilo

Quanto à postura do líder

Quanto à postura do liderado

Guia para consulta rápida

O QUE É FEEDBACK?

"Feedback" é uma palavra que tem origem no idioma inglês, sendo formada pela junção dos termos feed e back. O termo feed pode ser traduzido como "alimentação/alimentar" e back como "de volta". Assim, essa palavra pode ser compreendida como "realimentar, responder, retorno, reação".

GESTOR:

Supere dificuldades sobre o feedback

- *Prepare-se em todas as oportunidades de oferecer feedback.*
- *Estabeleça relação de confiança mútua.*
- *Reconheça que o "feedback" é um processo de exame conjunto.*
- *Aprenda a ouvir, a receber "feedback", sem reações emocionais (defensivas) intensas.*
- *Aprenda a dar "feedback" sem conotações emocionais intensas.*
- *Enfocar comportamentos específicos, sem julgar os valores das pessoas (conceitos de vida, crenças etc.).*

COMPORTAMENTO ORGANIZACIONAL

"*É um campo de estudos que investiga o impacto que indivíduos, grupos e a estrutura têm sobre o comportamento dentro das organizações, com o propósito de utilizar esse conhecimento para promover a melhoria da eficácia organizacional.*

STEPHEN ROBBINS

É um campo de estudo voltado a prever, explicar, compreender e modificar o comportamento humano no contexto das empresas."

WAGNER & HOLLENBECK

AO DAR FEEDBACK

/ Não há modelo perfeito para todos, a questão é individual.

/ Não há fórmula mágica, a construção é conjunta.

/ Não há verdade formada, tem a percepção do outro.

/ Cada caso, uma solução. Cada pessoa, um mundo.

CARACTERÍSTICAS DE MUITOS COLABORADORES DAS NOVAS GERAÇÕES:

- *Apresentam novas expectativas.*
- *Mostram-se silenciosos e contundentes.*
- *Parecem saber o que querem. Não reivindicam, executam a partir de suas decisões e das redes sociais virtuais.*
- *Não polemizam e não fazem o que não acreditam.*
- *Não pedem autorização, agem. Alta formação acadêmica os torna decididos.*
- *Sua atitude é de cortesia para com a hierarquia e seguem os líderes em que podem se espelhar.*

- *Quase sempre filhos únicos ou poucos irmãos e sua mãe trabalha.*
- *Tecnologia não é problema para eles.*
- *Não desenvolvem paciência.*
- *Não recorrem aos livros, a informação vem em minutos, com um clique.*
- *Geração com foco em resultados.*
- ***Feedback pontual funciona bem com eles.***
- ***Qualidade de vida é fundamental.***

Você está preparado para ouvir de um jovem, que recusou uma oferta de trabalho com alto salário que não aceitará porque a oportunidade não lhe permite desfrutar da vida pessoal?

O DESAFIO ESTÁ POSTO!

REFERÊNCIAS BIBLIOGRÁFICAS:

CABALLO, *V.E. Manual de avaliação e treinamento das habilidades sociais. São Paulo: Editora Santos, 2008.*

CORREA, *K. Feedback: arte de ouvir e falar, 2011. FGV. Processo de Comunicação e Comunicação Institucional. s.d.*

COVEY, *Stephen R - Os 7 hábitos das pessoas altamente eficazes - Ed. Best Seller, 2002.*

FREDRICKSON, *B. Positividade: descubra a força das emoções positivas, supere a negatividade e viva plenamente. Rio de Janeiro: Rocco, 2009.*

HARVARD, *BR. A arte de dar feedback. Rio de Janeiro: Sextante, 2019.*

MISSEL, *S. Feedback corporativo. São Paulo: Editora Benvirá, 2016.*

MOSCOVICI, *Fela - Desenvolvimento interpessoal, ed. José Olympio, 9. ed., 2000.*

MYERS, *D. Introdução à Psicologia Geral. Rio de janeiro: Livros Técnicos e Científicos. Editora S.A., 1999.*

ROBBINS, *Stephen - Comportamento Organizacional 9.ed. - Prentice Hall, 2004.*

ROSENBERG, *Marshall B - Comunicação Não-Violenta, Ed. Ágora, 2006.*

SELIGMAN, *Martin - Florescer, Ed. Objetiva, 2011.*

STONE, *D. e outro. Obrigado pelo Feedback. São Paulo: Editora Schwarcz, 2019.*

WILLIAMS, *R. Preciso saber se estou indo bem. Rio de Janeiro: Sextante, 2005.*

COMPLEMENTO DAS REFERÊNCIAS CONSULTADAS:

Cursos online:

USP, FGV, Catho, Udemy, Sebrae e Educa.

Ted Talks:

Sheila Heen, Joe Hirsch, Bill Gates, LeeAnn Renninger, e outros.

YouTube:

Cultura de feedback e feedback na prática. André Ferraz;
Você sabe o que é feedback? Marcelo Zenaro;
Feedback. Adriana Cubas;
5 Dicas para dar um bom feedback. Dalton Cotucci;
Como dar feedback em 6 passos. Edi Born; dentre outros.

BOOMERANG

Quanto à origem do nome, há diversas hipóteses, mas nenhum consenso. A mais aceita é a de que o nome estaria ligado à forma como os aborígines chamavam o vento, "boomori". Também pode estar relacionado com a palavra usada por eles para designar uma alavanca, "woomera".

Wikipédia

Utilizamos em nosso *design* o símbolo do *boomerang,* que em sua etimologia a palavra se refere à alavanca. E foi no sentido de alavanca que adotamos o *boomerang* neste livro, pois entendemos o *feedback* como alavanca para o desenvolvimento de todos nós!

ANOTAÇÕES

ANOTAÇÕES

ANOTAÇÕES

Presidente do conselho:
Maurício Sita

Presidente:
Alessandra Ksenhuck

Vice-presidentes:
Cláudia Pires e Julyana Rosa

Projeto gráfico:
Flavoo Mex

Revisão:
Luciana Mendonça

Diretora de projetos:
Gleide Santos

Coordenadora editorial:
Amanda Moura

Impressão:
Printi

Dados Internacionais de Catalogação na Publicação (CIP)
(Câmara Brasileira do Livro, SP, Brasil)

Cipriano, Zuldene
Feedback : crescendo com a visão do outro / Zuldene Cipriano, Márcia Rizzi. -- 3. ed. -- São Paulo : Literare Books International, 2025.

ISBN 978-85-9455-339-3

1. Comunicação na administração de pessoal 2. Desenvolvimento organizacional 3. Feedback (Psicologia) I. Rizzi, Márcia. II. Título.

24-244871 CDD-658.45

Índices para catálogo sistemático:

1. Comunicação interna : Comunicação organizacional : Administração 658.45

Eliete Marques da Silva - Bibliotecária - CRB-8/9380

Literare Books International
Alameda dos Guatás, 102 – Saúde – São Paulo, SP.
CEP 04053-040
Fone: +55 (011) 2659-0968**
site: www.literarebooks.com.br
e-mail: literare@literarebooks.com.br

MISTO
Papel | Apoiando o manejo florestal responsável
FSC® C196274

Zuldene CIPRIANO

61 98172 8816

www.zuldenecipriano.com.br

@zuldenecipriano

@zuldene

Zuldene Cipriano

Márcia RIZZI

11 99984 3804

www.marciarizzi.com.br

@marciarizzi

Márcia Rizzi

PROJETO GRÁFICO • FLAVOO MEX • 34 99910 4218